水西·书系
SHUIXI SHUXI

一个人是千万人的出发点

教师阅读那些事儿

常生龙◎著

山西出版传媒集团　山西教育出版社

图书在版编目（CIP）数据

教师阅读那些事儿 / 常生龙著. -- 太原：山西教育出版社, 2022.7（2023.9重印）
ISBN 978-7-5703-2602-0

Ⅰ.①教… Ⅱ.①常… Ⅲ.①教师—阅读辅导 Ⅳ.①G451.2

中国版本图书馆CIP数据核字（2022）第099402号

教师阅读那些事儿
JIAOSHI YUEDU NA XIE SHIR

责任编辑 李龙飞
复　　审 刘继安
终　　审 康　健
装帧设计 陈　晓
印装监制 蔡　洁

出版发行 山西出版传媒集团·山西教育出版社
（太原市水西门街馒头巷7号　电话：0351-4729801　邮编：030002）
印　　装 山西基因包装印刷科技股份有限公司
开　　本 720mm×1020mm　1/16
印　　张 12.25
字　　数 168千字
版　　次 2022年8月第1版　2023年9月山西第4次印刷
书　　号 ISBN 978-7-5703-2602-0
定　　价 50.00元

序

寄情于书，真好

有不少人对书有着浓浓的情意。

明朝著名将领于谦的这首《观书》诗，把他对书的喜爱之情表达得淋漓尽致：

书卷多情似故人，晨昏忧乐每相亲。
眼前直下三千字，胸次全无一点尘。
活水源流随处满，东风花柳逐时新。
金鞍玉勒寻芳客，未信我庐别有春。

这首诗的大意是说：书对我来说就像是多年老友一样，从早到晚，不管心情是快乐还是忧伤，我都要和它亲密相处。读书的过程心旷神怡，眼前浏览过无数的文字，胸中一尘不染。新颖的想法犹如泉水汩汩流淌，正如春风吹开万紫千红。想来那些骑着宝马良驹找寻春色美景的人，所看到的也比不上我这书房里的满园春色啊！你看，书真的是于谦一生一世的情人啊，他在读书中所获得的快乐和幸福，已经达到了物我两忘的境界了。

美国作家乔·昆南在《大书特书》一书中说：“二十一岁以后

买的书，凡是我真心喜欢的，都会保留。它们都是我的情人。”易中天形容书本身就是一个漂亮的、美丽的女孩：“书对我来说就是我的情人。”“如果某一天没有阅读的话，我将像没有吃饭、没有喝水那样难受。”作家叶文玲也称：“书——天下第一大情人!”……

为什么要把书作为自己的情人呢？在我看来有以下几个方面的理由：

第一，一本书能够来到你的身边，本身就是一种缘分。想想看，每年全国的各类出版社要出版多少册图书，而自己又能仔细阅读几本？即使你进行专题阅读，也会发现同一专题的书每年各出版社也会出很多，自己根本来不及看。一本书能够进入你的视野，进而让你“怦然心动”，并最终被你选中，除了书本身有其独特之处外，这寻觅的过程，就像遇到情人一般啊！

第二，品味着墨香阅读的过程，就像有情人陪伴着一样，能令人处于一种愉悦的、淡然宁静的状态。在每天的工作和生活中，你会遇到各种各样的事情，有欢乐，有忧愁；有时激情满怀，有时欲说无语……很多时候，你会发现书是自己最贴心的知己，在孤独悲伤失意时，它能抚慰心灵；在快乐喜悦得意时，它能沉淀心灵。一些百思不得其解的事情，在书中或许就能找到答案；原本浮躁的情绪，因为文字的浸润而逐渐变得平静。弗洛伊德曾说：“富有想象力的作品给予我们的实际享受来自于我们精神紧张的消除……这个效果的不小的一部分归功于作家使我们开始能够享受自己的白日梦而不必自我责备或感到难为情。”

第三，书是永恒的情人，也是永恒的护肤品，可以让自己青春永在。书具有内外兼修的功效，既滋养人们的心灵，又观照人们的外在表现。一个喜欢读书的人，总有那么一种气质和修养，浑身上下洋溢着的书卷气让他们显得与众不同。“腹有诗书气自华”，喜爱读书的人不管走到哪里都是一道美丽的风景，静得凝重，动得优雅，坐得端庄，行得洒脱，处处散发着迷人的风采。有些人虽然年纪很大了，但举手投足之间总有一股吸引人的力量，这种力量多来自阅读；有些人虽然刚退休不久，却一下子就衰老了很多，或许就与他们不把书作为自己的情人，不能用书籍来充盈自己的精神世界有关。

第四，要让自己不为物役，保持精神的自由，书是最好的依靠。和改革开放之初相比，今天的物质生活非常丰富，生活的便捷性也越来越明显。与此同时，人的欲望也越来越强，所受到的各种羁绊也日益增多，心似在囚，让人很不自在。读书的过程则是自由的，书不要求你有任何的回报，也不会对你有任何的成见，只要你不抛弃它，它愿意始终陪伴着你，与古往今来的人们对话交流，让自己的心情自由放飞。打开书本，就像是在和情人约会，纷繁的日常琐事逐渐远离，内心那扇孤独的窗户隐隐推开，灵魂会有一种飞向苍穹般的感受，怡然自得。

每个人都知道阅读的重要性，但在读书这件事情上又有太多的困惑和疑问。我的这本小书，期望能够为向往读书的人特别是学校的教师提供一些问题的参考答案，以及一些读书的建议。这本书分四个专辑，每个专辑聚焦一个核心问题。第一辑重点讨论“为什么读”；第二辑着重分析“读什么”；第三辑帮助读者“怎么读”；第四辑旨在说明“怎样让阅读更有成效”。在每一个专辑中，又设置了若干个小问题，然后尝试着对其进行回答。希望这种问题导向式的写作，能够给读者的阅读带来一些方便，有利于读者与书之间建立起如情人般的美好情感。

选择书作你的情人吧，开启一生的浪漫之旅。

目录

contents

第三辑

读你千遍不厌倦

第四辑

心动就要写出来

第一辑

想说爱你不容易

作为一个有心读书的人，在阅读这件事情上一定会有很多的困惑和感慨。有人总是感叹“太忙了，没有时间读书”；有人在“怎样才能找到一本好书”上感到迷茫；有人“读着读着就睡着了”，既怀疑自己精力不济，又怀疑自己深度不够；有人读了不少书，但却没有体会到那种让自己“拔节成长”的愉悦，怀疑读书到底有什么用……

这些感慨和困惑，我在阅读的过程中都经历过。也正是通过阅读，让我对此有了更多的认识和思考。在本辑中，我将读者们在阅读中经常遇到的这些问题做了大致的归纳，分成6个小问题做一些分析和讨论。

第一节

时间都到哪儿去了？

在人们的想象中，科学技术的快速发展应该将人们从繁杂的事务中解放出来，让人有更多可以自由支配的时间，去做一些自己喜欢的事情，比如阅读、旅游等。但现实似乎并非如此，随着科学技术的迅猛发展，人们的工作和生活节奏也在逐渐加快，新的技术和设备没能帮助人们减轻各种压力，人们反而有更多做不完的事情，有更少独处的、可以发呆的时间。人们几乎被现代科技所绑架，即便走到十字路口等红灯的十几秒时间，也要拿出手机翻看两眼，担心错过了重要的信息。人们更加疲于奔命，工作的时间越来越长，“朝六晚九”“周六保证不休息，周日休息不保证”等现象司空见惯。这样的生存状态与阅读所需要的时空环境是格格不入的，这也是我国推进全民阅读已有多年，但国民年平均阅读书本的数量一直徘徊不前的缘由之一。

教师比过去似乎也更忙了。教育正处在大变革的转折点上，要将立德树人的根本任务落到实处，需要教师教育观念的更新和教育行为的提升，这对教师来说是一场自我革命；信息技术与教育的融合给教育带来了发展的契机，但教育能否顺势而上还要看教师在其中发挥怎样的作用，提升教师整体的信息素养成为教育高质量发展的不二选择；以核心素养培育为导向的新课程、新教材的实施，要求教师要进一步树立课程理念，将为党育人、为国育才放在教育教学的核心位置上；新时代教育评价改革对党委和政府评价、学校评价、教师评价、学生评价、用人评价提出了具体的要求和实施的路线图，需要教师深刻领会并在教育教学实践中贯彻落实……这一系列的新任务新要求确实给教师带来了更大的工作量。在日常教育教学实践中，教师的工作量也有日渐增加的趋势。除了完成本职岗位的教学任务，还要承担开设拓展课程的任务，指导学生的研究性学习，导师制、生涯规划教育、职业体验活动等在学校逐渐推进，也让教师手脚忙乱。一些教师因此产生了“太忙了，没有时间阅读”的感慨。

时代背景以及教师发展的新要求，确实对教师的阅读带来了一定的影响，但这并非教师不阅读的真正原因。一些整天喊叫着“太忙了”的教师在工作之余将大量的时间交给了智能手机和电脑，频繁进行购物、追剧、打游戏等活动，或者沉湎于各种自媒体之中，为此消耗大量时间而乐此不疲。他们说自己没有时间阅读，并不是真的没有时间，而是阅读不在他们的优先选项之中。除了完成教育教学任务，教师还有很多事情要做，比如说和朋友吃饭、看电影、上网、聊天、带孩子、整理家务、阅读等，如果时间有限，在选择、权衡该做什么事情的时候，阅读往往不是首要的选择。

选择是对某件事情是否重要的价值判断。我在《核心素养与学习的变革》一书中介绍了美国管理学家史蒂芬·柯维的“时间四象限理论”，他把事情按照轻重缓急分为四类：既紧急又重要的事情、重要但不紧急的事情、紧急但不重要的事情、既不紧急也不重要的事情。在不少教师的心目中，阅读就属于“重要但不紧急的事情”，阅读在提升教师的专业素养方面的价值是教师普遍认同的，但大家心里也明白，一两本书的阅读并不能带来专业素养的提升，需要自己在阅读方面持续努力、坚持不懈，假以时日才能看到效果。当每天有很多“既紧急又重要的事情”需要去做的时候，自然就会将阅读这件事情往后放一放，结果每天都有不少“既紧急又重要的事情”，所以就没有阅读的时间了。

1963 年，密歇根大学霍华德·麦克拉斯基教授提出了生存余力理论模型，认为一个人要从事学习活动，必须要拥有一定的生存余力。他还给出了生存余力的公式：

$$生存余力=\frac{生存力量}{生存负载}$$

在上述公式中，生存力量包括外界能够给个体的资源，如家庭背景、人脉资源、经济能力等，以及个体内在的能力和经验；生存负载也由外部负载和内在负载两部分组成，包括职业和家庭生活上的压力，内在以及个体对自身不断发展的期望，如升职、购房等。

从上述公式中不难看出，如果生存余力为“1”，则意味着个体的生存力量刚好和自己的生存负载相匹配，个体在处理好与生存负载相关的工作之后，也就没有精力做其他事情了。如果生存余力小于“1”，则意味着个体的生存负载要大于自身的能力和外界所提供给自己的资源，这将导致自身的工作和生活会非常忙碌，即便自己疲于奔命也难以把相关的事情做好，整天处于身心疲惫的状态，根本不可能有时间用于学习。只有在生存余力大于“1”的情况下，才有可能将多余的生存力量用于学习之中。

生存余力公式所揭示的生存与学习之间的关系，很值得我们深思。首先，我们要对自己的生存力量和生存负载有比较清晰的认识，判断自己的生存余力与1之间的关系，由此明晰自己的生存状态。如果生存余力小于或等于1，即意味着如果保持当下的状态不变，是不可能有任何发展的空间的。如果生存余力大于1，则要进一步分析是否将剩余的生存力量用于阅读、学习之上，是否为自己的发展奠基。其次，对自己的生存力量和生存负载进行再考量，看是否有外部或内在的生存力量都是自己可以用的，但平时却没有意识到；分析那些生存负载，看哪些是不切合实际的，或者自己无论如何努力也无法完成的，尝试将其抛弃，让自己的生存负载适度且合理。通过这样的再考量，努力创造让生存余力大于1的环境。最后，在生存余力大于1的情况下，多做些“重要但不紧急的事情”，即站在未来的视角上对自己的生活做出生涯发展规划，明晰每个阶段需要学习的任务和重点，有目的地促进自己的专业成长。处理“既紧急又重要的事情”虽然重要，但这往往是“救火”性质的，你将今天这类事情做完了，明天类似的事情又会出现。“既紧急又重要的事情”之所以会有很多，就是因为没有把“重要但不紧急的事情”做好，让其转化为“既紧急又重要的事情”的缘故。

这些年来，我自己也深切感受到工作中的事情越来越多，工作压力越来越大。但我从2006年开始坚持每周读一本书，并写出一篇3000字以上的读后感，一直到现在都没有脱档过，所有阅读的书目以及读后感都可以从我的博客中查阅到。我从自己的读书经历中亲身感受到，尽管教师工作很辛苦，事务繁杂，但阅读的时间肯定是有的。说“没有时间阅读”，往往是一种推托，是一种选择中的价值判断。没有一件事情是随随便便就能成功的，教师们不愿在阅读上投放时间的背后，或许是更乐意及时享受，不愿意在专业成长的道路上长时间地花费心血和气力吧！

想起了《小王子》一书中的一个故事。小王子遇到了卖止渴药的商贩，商贩说这种精致的药丸每周吞服一丸就不会感觉口渴。小王子问：“你为什么卖这玩意儿？”商人说：“这就大大地节约了时间。专家们计算过，这样，每周可以节约53分钟。”小王子又问：“那么，用这53分钟做什么用？”

每个人本来都应该有很多属于自己的时间，但却时常感到时间不够，好奇自己的时间到哪里去了。如果有一种“药”，可以让你每周节约53分钟，你会把这些时间拿来做什么呢？

第二节 为什么读不下去？

相信不少人都有这样的烦恼——拿起书总是看不下去，要么读着读着就睡着了，要么看着一个个的文字，却不知道自己读的是什么。

为什么会读不下去呢？从大的方面看，大致有以下四个原因。

一是长时间阅读社交媒体上的信息，让自己逐渐产生了一种不愿意接受他人叙述的思维习惯。在过去，人们阅读的主要载体是纸质类的书籍或报刊，它们的撰稿者都是在某方面有特殊造诣的人，这些专家接受过特殊的培训，在自己的领域花费了大量的时间，积累了大量专业知识，在这个领域的认识和思考比一般人要深刻得多。即便这样，他们要将自己的研究成果正式出版，还要经过编辑们一道道的学术审查，这些经过反复审核之后才走到公众视野中的文章或作品，所传递的信息或知识都很有质量，深受读者们的信赖和好评。所以很多读者愿意自觉地沉浸到作者所描述的场景之中，通过阅读来获得新知。

随着便携式智能设备的普及，人们的阅读方式产生了很大的变化，利用智能设备阅读信息已经成为当下人们习以为常的生活方式。智能设备虽然也向大家推送书籍和报刊的电子版，但人们更喜欢阅读的是各种社交媒体上的信息。这些信息的一大特点是每个使用智能设备的人都可能是一个信息源，所发布的各种信息基本上都不会经过专业机构的审定，各种真实的、虚假的信息鱼龙混杂，信息的质量不仅差，其真实性也得不到保证，人们刚开始的时候对这些新鲜的事物很感兴趣，也愿意投入其中，但随后就发现经常被这些虚假的信息误导。时间一长，很多人就产生了警觉，尽管时常会情不自禁地打开这些社交媒体浏览各种信息，但也只是看看而已，不会将自己融入信息提供者所营造的信息场景之中，也不愿意去接受信息提供者的叙述内容。这样的习惯慢慢养成之后，在看书的时候就很难接受作者的讲述，自然就读不进去了。

面对这种情况，需要在两个方面做出一些努力。一个方面是逐渐减少对社交媒体的依赖，不要总是让那些不良的信息侵蚀自己的思维习惯；另一方面是坚持阅读正规出版社出版的质量可以保证的图书，让自己逐渐在专家鞭辟入里的分析中养成正确的阅读习惯。

二是由人逐字逐句的阅读习惯所导致的。逐字阅读是在学习文字的过程中养成的阅读习惯。这样的阅读习惯让我们具备了基本的阅读本领，但在阅读的过程中也存在不少缺点。

首先，效率低下。比如说你在阅读一个文本时，读了“一”“个”两个字，虽然大脑会自动把这两条信息叠加在一起，但显然你并没有得到结果。千万不要小看这个简单的信息叠加步骤，大脑完成这个运算需要发生上百万个不同的化学反应，只可惜如此复杂的运算工作还没换来任何有用的信息。1/4 秒以后，你的视线跳到了下一个字“小”上，显而易见，虽然又经过一次信息加工，但依然没有结果；在接下来的 1/4 秒，眼睛又聚焦到“青”字，还是无果；然后接着往下，当“苹”“果”两个字先后出现后，我们的右脑终于绘制出了这句话的相应图像，我们终于理解这句话说的是什么了。

其次，浪费了右脑的资源。人类抽象构建起来的文字，在阅读的过程中必须要能转化为我们熟悉的图像，变成形象思维才能被我们理解。人的左脑主要负责线性思维和数字化的分析工作，右脑则需要完整的图像信息才能形成理解。在上面这个例子里，我们的右脑一直处于闲置状态，不仅浪费了半个大脑的资源，还会阻碍左右脑的协同效应，加大理解的难度。在逐字阅读的过程中，我们的左脑不仅要不断叠加输入的信息，完成运算工作，还需要随时记忆。一旦句子很长，我们就很可能像狗熊掰棒子一样，读完了最后一个词，却已经把句子的开头忘得一干二净了。大脑依据文字形成图像的过程只需要不到 0.5 秒的时间，而此前的准备过程是非常烦琐和复杂的。如果不能让右脑提前介入，则闲置着的右脑就会开小差，反而影响自己的阅读效果。

科学研究表明，人类思维的速度至少能达到 600 字／分钟，明显高于人逐字逐句阅读 250 字／分钟的速度。正是出于这个原因，人在阅读时会经常走神儿。要知道，人脑是一台异常勤奋的计算机，一旦出现资源过剩的情况，它就会在后台自动调用空闲的资源来处理其他信息，所以走神儿是必然的事情。

逐字逐句阅读的人，单位时间内传送给大脑的信息远少于大脑可以处理的信息量，缺少工作任务的大脑神经系统就会发出工作任务不重，部分系统可以暂时休息的指令，从而导致一些人只要一拿起书阅读，不需要多长时间眼皮就开始打架，整个人开始犯困，很快就读不下去了。有的人喜欢在床头放一本书，睡觉前看上几眼，要的就是这样的催眠效果。

要对这样的阅读状况做出改变，需要改进逐字逐句阅读的习惯，这在本书的第三辑中会有进一步讨论，这里不再赘述。

三是大脑的决策机制在发挥着作用。我们都知道，人的大脑并非原来就这么大，而是在漫长的进化过程中逐渐扩容的。美国神经学家保罗·麦克里恩在 1970 年以“三位一体的大脑”来描述脑的进化过程与功能，它们分别是如下三个部分。

原始脑，是人处在爬行动物时代发育出来的大脑，距今有 2 亿—3 亿年的历史。所有的动物都有原始脑，是动物最先发育出来的脑部分，包括脑干和小脑，主要负责个体的生存、生理安全需求和身体知觉，控制着动物的心跳、呼吸、血压和新陈代谢。原始脑一直保持着活跃的状态，即使在深度睡眠中也不会休息，它偏好稳定，不喜欢变化，当感觉到不安全的时候，原始脑就会出现三种反应：战斗、逃跑或僵住。这也是人类自我保护或攻击的本能反应。

哺乳脑，是人类在家庭生存的需求状态下逐渐发育起来的，在距今 5000

万年左右的时间开始形成，主要包括下丘脑、海马体以及杏仁核等，它关系着人类的社交、互惠和育儿等。所有的哺乳类动物都有哺乳脑，正是因为这一部分大脑的存在，这些哺乳动物才能养育后代，成种群成家族地生活。哺乳脑帮助人类判断事物的基本价值和特别之处，还有助于人类感知不确定性因素，进行创造性的活动，是孕育情绪、注意力以及情感（情绪主导）记忆的主要温床。哺乳脑不喜欢改变，所以会促进各种习惯的养成。哺乳脑认为事情非黑即白，在生活中经常会遇到一些做事非常固执的人，就是他们在做事的过程中经常用哺乳脑思考的缘故。

视觉脑，也就是我们所熟知的大脑皮质了，它几乎将左右脑半球全部包括在内，还包括一些皮层下的神经元组群，在人类的大脑中占据了整个脑容量的2/3。这部分大脑的发育到现在不过300万年的历史，在人类的大脑中最为突出，其他动物种类虽然有的也有新皮质，但是相对来说都很小，所发挥的作用也相当有限。视觉脑主要控制着人类的认识功能，包括语言理解、学习和记忆、推理和计划等，它喜欢颜色和图片，能够看到事物的多个维度。正是该皮层中所具有的高阶认知功能，令人类从动物群体中脱颖而出，成为“发明创造之母，抽象思维之父”，负责人类的理性决策。

了解了大脑的上述结构以及功能特征，对理解“为什么读不下去”这件事情是很有帮助的。当你拿出一本书进行阅读的时候，如果你的原始脑对这本书不认可，它就会产生不安的条件反射，在无意识之中就会产生远离这本书的冲动；如果你的哺乳脑也不认可这本书，它就会产生激烈的情绪反应，感到自己遇到了“危险”，做出“趋利避害”的行动。当原始脑和哺乳脑都感到不安时，你是很难读进去的，因为原始脑和哺乳脑会觉得这些信息没有用，已经帮你把大部分的信息过滤掉了，不会把信息传递到你的视觉脑——大脑皮质。这是大脑的先天机制所决定的。

因此，我们要对大脑的运作机制多一些了解，并在阅读方面做一些调整。我们都知道，文字的发明时间很短，到现在也不过五千多年的时间，和大脑漫长的发育历史相比，文字的发明和运用仅仅是“一瞬间”的事情，大脑对文字的接受还没有达到非常和谐的地步，天然地就有排斥或者说不待见文字的倾向。但大脑喜欢结构性比较强的信息，结构越是清晰明了，大脑就越容易记住。思维导图的流行，与此是有关系的。我们在读书的时候，如果能够边阅读边给这本书建构一个思维导图，或者在阅读一本书之前先看看别人所做的思维导图，对这本书有一个整体上的认识，让自己的原始脑、哺乳脑接受这些信息，阅读起来就会顺利很多。大脑还有另外一个特点，即相较于文字，大脑更喜欢图像，在文字和语言还没有出现之前，图像已经存在于人类的历史中，图像是人类大脑中天然的、基因里自带的东西。如果你在阅读文章或者书籍的时候，能在大脑中主动建构有关这些文字的图像，阅读起来就会方便很多。我在上中学的时候学习过朱自清的《荷塘月色》，一直到现在还能将这篇散文大致背诵下来，其中一个诀窍就是在自己的脑海中建构起了朱自清沿着荷塘周边行走路线的图景。

四是选择的书籍偏难，超出了自己现有的认知水平。书有不同的层级，那些娱乐性的作品，只要具备基本的读写能力就能看得明白，但不少经典图书则是需要读者有了一定的人生阅历之后才能读得懂、看得明白。如果自己的认知层级不够，阅读这些经典作品就是“外行看热闹”，甚至连热闹都看不懂，自然就很难读下去了。

了解这一点很重要，更重要的是不要妄自菲薄。正如台湾自由读书人唐诺所说，书读不懂其实就是一种瞻望。就像你在船上远远看到一个点，你知道那个点就是非洲，里面有狮子、老虎、大草原，你现在什么也看不到，但是你通过阅读不断让船接近岸边，使这个点逐渐变得清晰，这种瞻望，本身就很重要。

阅读要循序渐进，注意让阅读和大脑的内在工作机理相合拍，让大脑对将要开始的学习产生兴趣。比如说，你准备开拓一个新的学习领域，如果直接找到该领域的扛鼎之作来阅读，难度就会过高，大脑很容易产生排斥，不愿接受这些新的信息。你可以先找到介绍该领域的入门作品，如果有绘图版或者有较多的结构图更好，在熟悉了该领域的基本概况之后再慢慢向原著聚焦。就像我们知道孔子，但读不懂他的原著，那没关系，你可以从各种介绍孔子、介绍《论语》的著作读起，随着阅读的不断深入，就能构建起有关孔子的较为清晰的图像了。

当然，即便这样，在阅读的过程中也要注意不要死磕，别在某个点上纠缠不已、徘徊不前。实在读不下去的时候就要学会放下，只要在自己的心中保持这种瞻望即可。因为阅读并非一分耕耘一分收获，而是积累到一定量之后的豁然开朗，所以有时候只能是漫长而艰苦的探索。

第三节 读书记不住怎么办？

喜欢读书的人，常会羡慕那些一说起某本书就滔滔不绝的人，他们似乎有着很强的记忆本领，甚至连书中的一些细节都能陈述得非常细致和生动。同时又会对自己产生诸多怀疑，觉得自己读了书之后什么也没记住，似乎白白浪费了许多时间。想放弃阅读，心中又颇觉不舍；记不住，又有许多无奈。

有关读书记不住的问题，需要从不同的层面来看待。

首先，要厘清我们刻意追求的“记忆”是指什么。

在读书的过程中，肯定没有想过要把整本书都背诵下来，因此，读者所说的“记忆”，自然就是记住这本书对自己有价值的部分，也就是一本书的精华了。

这让我想起了吃饭。人要活着，就必须不断地进食，将从外界获得的营养物质转变为自身所需要的结构元件，再将这些结构元件装配成自身的大分子，例如蛋白质、核酸、脂质等，同时分解有机营养物质，提供自身生命活动所需的一切能量。人制造新细胞的原料就是吃进去的食物，没有任何构成身体的材料不是被吃进去的。

食物给人提供的是有机的营养、生物原料和能量，那么书籍给人类提供的则是精神层面的营养，帮助人类获得不断前行的精神力量。读书和进食是非常类似的过程，你只管去读即可，不用特别在意是否记得住。只要用心去读了，书上的那些有价值的部分就会在你的脑海中留下印迹、形成记忆并涵养你的生命。或许你暂且不能随意地将这些记忆提取出来，但它总是在那里，你的大脑因为这本书的阅读已经创建了新的神经元链接，构建出了新的信息通道。因为阅读，你已经不再是原来的你，这样的改变是实实在在进行着的，尽管自己可能一时觉察不到。

读书的时候总想着要把书中的精华内容记住，有时候反倒会成为一种羁绊，一种负担。不如就把读书和吃饭同等对待，让读书也成为你正常生活的一部分，成为你的一种生活状态。吃饭有助于身体的成长，读书则丰盈精神世界，滋养灵魂，两者相辅相成，岂不美哉。

其次，遗忘是为了更好地学习。

认知科学有一项重要的研究内容，就是关于如何提升人的记忆能力，而遗忘被看作是记忆出了问题。德国心理学家赫尔曼·艾宾浩斯的遗忘曲线就在提醒人们该如何进行强化和重复，以便和遗忘做斗争。一百多年来，研究人员一直在探索记忆是如何形成的，如何在学习发生之后的几天、几周甚至几年里加以巩固，以便人们回忆。

直到10年之前，大多数研究者还认为遗忘是一个被动的过程。没有使用的记忆就像阳光下的照片一样，逐渐暗淡褪色。但在过去10年里，越来越多的证据表明，记忆的丧失并不是被动的过程。恰恰相反，遗忘更像是一种主动的过程，我们的大脑在不停地遗忘。

先来想象一下如果所有的事情都记得很牢，人们将会怎样？晚上睡觉的时候，此前你所经历的各种事情历历在目地呈现在你的眼前，刺激着你的脑神经，让你无法进入睡眠的状态；工作的时候，各种与你工作相关的信息蜂拥而来，充斥着你的脑海，让你的精神始终处于亢奋的状态，无法平静下来；回到家中，触景生情，各种与自己的家庭、生活相关的酸甜苦辣的事情一股脑儿地重现在你的脑海之中，左右着你的情绪，让你沉浸其中无法自拔……如果没有遗忘，各种信息就会昼夜不止地纠缠着你。人的大脑处理各种信息的能力是有限的，当有如此多的、不断累积的信息蜂拥而至的时候，大脑不用多长时间就会因无法承受这样的重压而崩溃。

人类所处的世界不断地变化，而且变化的速度越来越快，为了适应周遭环境的变化，大脑必然会允许新的信息覆盖旧的信息，以便在这个变化的世界里更好地生存。遗忘像记忆一样，是大脑为了腾出一定的时空学习新知识的有意行为，是为了促进人们更好地学习。理解了这一点，就不会对读书之后记不住这件事情耿耿于怀了。

再次，想要记住也是可以办到的。

要让自己读书记忆更有成效，可以在以下几个方面做出努力。

养成读书记笔记的好习惯。我们都知道“好记性不如烂笔头”，在读书的过程中遇到自己感兴趣的内容随时做一些摘录，甚至做一些批注，对提升记忆效果是很有帮助的。看到的信息，自己将其用笔抄下来，本身就是一次强化，如果还有一些简要的批注，那就进一步融入了自己的思考，通过多种方式来感知同一个信息，自然就容易记住。记录的笔记还有一个好处，就是随时可以拿出来翻看和回忆，通过所记录的文字内容再去联想书本整体的思维框架和作者的核心观点，这也是促进记忆的好办法。我自己看书就有记笔记的习惯，过去是摘抄，现在经常用科大讯飞的语音识别功能通过朗读和口述直接将相关文字转化为 Word 文档。在智能设备上阅读书籍时，还可以利用相应的软件做笔记，非常方便。

反复阅读。好的书籍是值得一读再读的，每一次阅读都会有新的体验和感悟，感悟深刻了，自然也就记得住了。佐藤学的《静悄悄的革命》就是被我反复阅读过的一本书，从最初引进的版本到后来另一家出版社再版，我都认真读过并写了好几篇评论文章。因为读的次数多，感悟自然也深刻，写出来的文章有的发表在《中国教育报》上，有的还在上海市庆祝改革开放 30 周年振兴中华读书活动中获了奖呢。

联系自己的实际。读书记不住还有一个很重要的原因，就是读的总是别人的东西，在阅读的过程中没有将自己带进书本所营造的氛围之中，让书本所传递的经验和知识同自己已有的知识和经验进行联结，因为缺少自身经验的参与，所阅读的各种信息就很难整合并进入自身的知识体系中来，记不住是必然的。教师在教授新的知识时，一个很重要的教学环节就是创设情境，让学生从自己熟悉的情境中逐渐过渡到新知识的学习。读书也是一样，无论是启动一个新领域的阅读，还是在自己比较熟悉的领域深耕，都需要设法架设书本和自身经验之间的桥梁，以自身的教育教学实践为基础来感受书本的微言大义。不一定要将一本书的精华都记住，只要记住能够触动自己的内心、联系自身生活实际的那部分即可。只有这些内容才会被自己不断地咀嚼，最后融入自身的记忆体系中。

在汲取之后及时输出。读书是汲取他人知识和智慧的过程，读完之后结合自己的实际将书本的核心内容或者书本中自己比较喜欢的案例加以整理，以读后感的形式写下来，或者经过梳理之后讲述给别人听，是记住书本主要内容的好办法。无论是写出来还是说出来，都要对这本书的知识体系进行认真的审视，结合自身的经验重新组织语言，用自己的语言表达出来。这是一个再创造的过程，也是一个梳理自己的思维，让表达更富有逻辑的过程，这本身就会加深对书本的理解和记忆。输出自己的读书感想还有一个好处，就是能有效利用外部的激励来增强记忆。把一本书的相关信息告诉他人之后，如果受到别人的赞赏，内心就会获得很大的满足感，觉得自己对别人是有价值的，下次再有机会讲述的时候，脑海里就会不由自主地回想起自己之前的那一次成功讲述。让自己记得更牢固的往往是上一次的成功经历，而不是单纯的记忆力。别人能在你面前滔滔不绝地引经据典，很有可能就是已经尝试过了第一次输出并且获得了正向激励，这个观点或者知识已经镌刻在他的脑海之中了，很难被抹去。

第四节 读书到底有什么用？

读书到底有什么用？对这个问题回答得最直白的，当数宋真宗赵恒了："富家不用买良田，书中自有千钟粟；安居不用架高堂，书中自有黄金屋；出门莫恨无人随，书中车马多如簇；娶妻莫恨无良媒，书中自有颜如玉；男儿若遂平生志，六经勤向窗前读。"你看，读书的好处可真不少，良田、房子、金钱、车马、媳妇……一个人安身立命所需要的基本上都齐备了。一代代的人们，就是因为有这样功利性的目标而努力学习，通过读书而改变自身命运的。

一些人对"功利性"一词不太认可，觉得这种学以致用的思想太过实际。其实我国历来主张学以致用，所谓"仕而优则学，学而优则仕"，强调的就是读书做学问和做事做官之间的辩证关系。学生从幼儿园到大学毕业，十多年漫长的学习和读书生涯，最能体现读以致用的目的。在科学技术日新月异的今天，大家都普遍感觉到在学校里所学的那点知识不足以让自己在社会工作中站稳脚跟，纷纷树立起终身学习的理念，所凸显的也是读以致用。对于教师来说，无论是刚走上工作岗位还是已经成为教育教学的行家里手，或者教育领域的专家，都会根据自己的实际情况开展阅读。虽然知识视野在不断扩展，专业领域的研究越来越深刻，但阅读的实用价值是不容置疑的，阅读始终是促进自己成长和专业发展的重要手段。

那么，除了学以致用，读书还有什么用处呢？

读书可以促使自己与现实的分离。到点起床、上班做事、下班回家、处理家务、上床睡觉……人们每天的工作和生活是如此有规律，以至很少去仔细思考应该如何去做就能够把每天的事情做得井井有条。这样长久下去，人们慢慢地就会变得昏昏沉沉，越来越失去思考的动力和能力。而人区别于其他动物最重要的标志，就在于人善于思考，能够通过思考看到现象背后的本质，在获得对事物规律性认识的同时，提升自身的思维品质。书能够给人们创设一个不同于现实生活的更加美好的世界，通过阅读人们更容易看清现实世界的贫薄、粗陋、乏味和不义，会发现自身很多不成熟、不完善的地方，能够听到书中美好的世界对自己的召唤，从而让自己原本已经变得麻木的心灵重新敏感起来，让原本单调乏味的思维重新活跃起来，完成与现实的对抗和脱离，生出一种被眷顾的惶恐幸福，感受到因阅读而带来的幸福感。在现实世界中随波逐流既会让自己迷失也无助于对现实的改造，站在现实世界之外来不断审视这个世界才有可能将现实世界建设得更加美好。

读书所营造的独处时间是让自己与现实分离的具体体现。让自己的思想成形并继续向下深入，只能在一个人独处的时间和空间里进行。在这个时空里，借由阅读，既可以直面自己，又能够品味他人的至理名言。独处给自己创设了挣脱情绪牢笼、冷静且客观地重新省视自身的好机会。书中一流人物的思想和精神，像强劲的风一样吹拂着自己，使自己的精神得到丰富。一本本书的阅读，一个个观点的碰撞，一次次经验的体悟，其实就是把自己一层一层地分离，像剥洋葱一样。每一本书都在剖析自己、分裂自己，把自己一次次地击碎，自己再俯下身来，把散落一地的自己一片片地捡起来，又一次次地重建，从而帮助自己完成一次次的洗礼、一次次的重生。

读书是为了治疗精神的创伤，慰藉自己的心灵。人们在工作和生活中，难免会遇到这样或者那样的困境，甚至是一些大的挫折，很多时候自己觉得似乎已经到了崩溃的地步，再也迈不过这个坎了，但过后却发现自己好像又有很强的免疫力，有着强大的内心和百毒不侵的抵抗力，这或许就与自己喜欢读书有很大的关系。很多好书早些年读过，就像是在心里种下疫苗，你好像并没有发现这些书有什么实际的用处，但它们却在悄悄地为自己提供抗体。读书是涵养精神世界的好途径。遇到一本好书，就好像与其产生一段令人神魂颠倒的“爱情”，会在你的心中点燃一束不灭的火焰，其中的美妙相信每个读书人都能体会得到。读书的过程，就如同是读者从作者身上汲取能量，同时还会排出读者自己精神上的负面能量，使读者内心淤积的压力得以减轻，从而保持心情舒畅。如果你遇到了不顺心的事情，心情烦躁得很，不妨静下心来专心致志地读完一本书，通过这种方式从头到尾体会别人的整个人生历程，能让自己也站在俯瞰的角度来审视问题。光是如此，就能使心态变得从容。

和作者产生共鸣，是阅读过程中非常重要的事情。阅读既是为了和现实分离，也是为了自己在周边能够寻找到和自己灵魂相近的人。喜欢一本书，是因为自己想说的话作者替你说了出来，说得更贴切、更漂亮，而且进一步阐释出更深一层你还没想到的意思来。只有这样的书，你才会爱不释手，奉若至宝。当你感受到那已经逝去的作者在不同的时空中对同一个问题竟然和自己有相同的判断，自然就会有一种不约而同、心领神会的精神契合，仿佛你和作者在进行一种跨越时空的神秘合作。这也促使你更加深刻地去了解作者，从而使两个毫无共同点且生活在不同时代的人合成了一个大写的人，潺潺细流汇聚成大海，我们所有的文化传统也是这样汇聚而成的。

读书有助于培育自己的“深潜力”。阅读这种行为往往伴随着积极的求知欲。高品质的书往往与读者的“最近发展区”相对应，懂得其中的一部分，同时也存在若干障碍，需要读者集中注意力并深入思考才能突破一个个障碍，这需要读者必须具备很强的忍耐力，同时要有高度的主动性。跨越这些障碍的过程所带来的视野的拓展、思维品质的提升以及成就感，会让自己充满喜悦。坚持读书的人，阅读量逐渐变大，视角也会随之增多，“多视角思维”将成为可能，思维的速度也会逐渐加快。思维速度加快了，在处理具体问题时就能确保从容不迫，有足够的精力和时间用于判断。当然，光训练思维的速度还不够，要培养抓住事物本质的能力，思想就必须具备足够的深度。日本畅销书作家斋藤孝曾将人类的思想比喻为地层深处流淌着的纯净的水，人类在平时工作和生活中面对的各种困惑和麻烦，不过是河流表层的浊水罢了。浊水喝着很苦，但只要向下深潜，就能找到清流。关键在于首先得知道底下存在清流，然后还需要具备“深潜力”。而读书，就能教会人们掌握这种深潜力。

和人类的历史相比，文字的出现是一段很短暂的历史。人类留传下来的语言以形象思维为主，它在文字学习的表现上就是把一个个的字母或者文字看成一幅幅图像或者图像的组合。人类在长期的生活实践中，对自然界的各种现象有了非常详细的观察，能够通过形状、色泽等方面的差异识别各种图像，并用相应的图像符号加以表达。比如“木”，表示的就是一棵树，它的一竖代表树干，一横代表树枝，一撇和一捺则表示树根。“木”原本就是一幅图，慢慢地演化成今天我们熟悉的字。每个字都有其相对应的图像，文字就是这些图像的组合方式而已。读书的伟大妙趣还在于能把原本只是堆砌成行的文字在脑海里逐渐还原成图像和声音。人们在观看电影或动画片的时候，往往会觉得“还是书更有意思”，很多时候并不是因为电影或者动画片拍得太幼稚，而是因为书在自己头脑中还原出来的图像和声音的“完成度”太高了。读书所带来的这种形象唤醒力，可以促进大脑中多个脑区的神经元的联动，建立更加丰富的联结，并不断锻炼和培育大脑的深潜力，使人们的工作更加富有成效。

在美国加州一所小学的图书馆里，有这样一幅标语：①

你读得越多，知道得就越多；
你知道得越多，就会变得越聪明；
你变得越聪明，当你表达思想或做出选择的时候，你的声音就越有力量。

读书到底有什么用，这幅标语或许能给你一些启发吧！

---

① 王爱娣. 美国语文教育追求的阅读境界［N］. 中国教育报，2009-02-12（05）.

第五节 怎样才算具备阅读能力？

在漫长的教育历程中，教师始终是资源的提供者和信息的占有者，学生所学的绝大多数知识都来自教师的言传身教。这种信息和资源的不对称性，凸显了教师在教育教学过程中的地位和作用。但随着信息技术的迅猛发展和智能设备的日益普及，教师忽然发现学生通过各种媒介所掌握的信息、所占有的资源并不比教师少，有些教师自己不是很熟悉的事情学生反而能说得头头是道。因为信息对称而带来的“本领恐慌”，要求教师必须做出改变，以适应社会的发展、学生学习的需求。

从注重知识记忆的学习向注重联系、结构的学习转变，是当今教育的一大课题，也是教师自身变革的核心。在知识爆炸的时代，用苦记的方式来学习越来越不适应时代的要求，各种智能存储设备的便捷化也让我们的记忆受到了挑战。事物是普遍联系的，知识是有内在结构的，网络平台上支撑各种搜索引擎工作的就是事物联系的特征和结构性特征。这种借助工具获取新知识的能力，就是搜索能力。有人还给了它一个非常时尚的称谓——搜商，从问路、查地图、翻阅图书资料到使用搜索引擎，有的人能够非常便捷地获得所需的资料和信息，有的人搞了半天毫无收获，还常常被网络上眼花缭乱的事物诱导，这背后体现的就是搜索能力的不同。

当你搜索到所需要的信息之后，紧跟着要做的一件事就是辨别信息的真伪。今天的社会，造假已经成为一种社会恶疾，波及人类生活的方方面面，给人们的身心带来极大的伤害，也将整个社会的诚信体系破坏殆尽。这种造假的现象不仅仅是在物质领域，在信息和文化领域也比比皆是。胡编乱造的数据、违背常识的故事，往往因为自己缺乏文化判断力而轻易相信，甚至转手传播，以至闹出笑话或者误导他人。

而支撑人的搜索能力和辨别真伪能力的，就是人的阅读能力。创作的作品如果没有读者来阅读，就没有任何价值。阅读的过程是读者自主去寻找作品的意义、参与作品意义建构的过程。在阅读的过程中，读者会把作品中包含的那些不确定点或空白之处与自己的经验及对世界的想象联系起来，对其进行事实的辨析和价值的判断，从而使文本产生新的意义、拓展出无限的可能性。作为一名教师，必须要养成良好的阅读习惯、具备较强的阅读能力，才能影响学生的阅读行为，帮助他们更好地认识世界、面向未来。

人的阅读能力存在着程度上的差异，从简单到复杂大体可以分为四个不同的层级。

一是感知。拿到一个文本，能熟悉其中的字词，知道这些字词所要表达的基本意思，能熟练地将文本复述出来或者对主要内容进行概述，知道文章的体裁，能把握文章的主要思想。

二是关联。对文本的内容和结构有较为清晰的认识，并能梳理出它们之间的内在联系；能够从语言文字的表达中捕捉到字里行间所隐含的“言外之意”，知道作者之所以这样写的用意；能够理解作者写作时的思想感情，和作者进行跨越时空的对话。

三是鉴赏。通过对作品深入细致的评析，辨别作品所传递的信息的真伪，做出合理合情的评判；能够依据一定的标准判断出这一作品的品位，确定是否具有仔细研读的价值；能够对作品所传递的思想和情感做出判断，不盲从、不迷信。

四是创造。把所阅读的内容融入自己的经验之中，丰富自己的认知体系；将阅读和自己的学习、工作和生活经验相联结，让自己跳出书本的局限，在联系实际的过程中获得新的感悟和启发；将阅读所获迁移到新的情境之中，把死书本化为活材料，由旧知识生成新思想。

很多时候，人们的阅读往往停留在感知、关联的层面上，很难上升到鉴赏、创造的高度，这与我们平时没有养成良好的阅读习惯，对阅读的理解和认识不够深刻有很大的关系。

人的阅读能力不是天生的，也不是一下子就能形成的，它是在长期的阅读实践中逐步建立起来的。想着读上几本书就能把握某一领域的核心，是不现实的；期望通过临时抱佛脚来增长自己的才干，也是不可能实现的。只有踏踏实实、静下心来坚持不懈地开展阅读，经由一段时间的积淀，才有可能看到自己在各方面的变化。这是一个修行的过程，要尽可能地摒弃各种功利的思想，纯粹地投入到阅读之中来。西方发达国家的学校都非常重视学生阅读能力的培养，经济合作与发展组织（OECD）特别将“阅读”作为三大测量领域之一，既反映出这些国家对阅读的重视，也体现出他们在阅读能力培养方面抓小抓早的教育主张。我们在这方面要向西方学习，教师更要带头阅读，不断提升自身的阅读能力，发挥示范引领作用。

有人似乎也在坚持不懈地阅读，用了一年多的时间终于啃完了一本经典著作，这样的坚持能否促进阅读能力的提升呢？斋藤孝对此有一个基本的标准：一个人如果读过由高品质的出版社出版的世界优秀文化图书 100 册，读过近些年来自己所从事的领域新发现并出版的知识丛书 50 册以上，才可以说这个人具备阅读的能力。高品质的出版社在选择出版书目方面有自己独到的眼光，像人民教育出版社的“外国教育名著丛书”、华东师范大学出版社的“大夏书系”、上海教育科技出版社的“哲人石”等，其中的大多数都是精品，既有千百年来经过大浪淘沙传承至今的文化经典，也有近些年来科技、社会、教育等领域研究探索的最新成果，在涵养教师的精神世界、促进教师专业发展方面的价值是不容置疑的。

当然，书的具体数量不是最主要的，关键是要做到以下两点：一是养成阅读的习惯；二是能够辨别书籍品质的优劣。

好的习惯一定是通过长时间、有节奏的重复，让原本外在的某种行为逐渐内化于心，不需要他人的提醒和监督，也不需要自己克服很多困难就能自动实现的。就像每天早晨起床之后洗脸刷牙、每天有规律地锻炼身体一样。阅读就像是一种体育运动，阅读能力跟体育运动一样有一个逐渐提高的过程，而且阅读本身也是一种身体行为。人在阅读的时候，眼睛、手等有很多器官参与其中，最后达到的一种适宜的状态必然是各种器官相互协调、反复尝试后并最终达成的结果。

喜欢阅读跟阅读能力强有所不同。虽然这两者在很多情况下显示出一致的倾向，但一个人如果只阅读自己喜欢的推理小说，他就只能算喜欢阅读而不一定能说明他的阅读能力就很强。阅读能力强的人，首先是善于鉴别书的优劣，不会在那些没有多少价值的书上浪费自己太多的时间；其次是阅读者的思维方式更加有条理、更加缜密。阅读本身就是给人的思维活动打基础，而人的思维能力是进行所有活动的基础。

将阅读与自己的教育教学工作有机结合，可以有效提升阅读能力。我们在工作实践中有很多的困惑和疑问，其中有不少已经有了答案和结论，并且通过各种媒介记录了下来。有良好阅读习惯的教师会在不经意间得到相关问题的破解思路，获得疑难杂症的化解妙方。这种阅读中的顿悟也会让自己越来越喜欢上阅读，形成良性的循环。当然要做到这一点，教师自己需要有内心的深度觉醒。坚持不懈地阅读，确实是一件非常辛苦的事情，需要投入时间和精力，可能还需要改变自己的一些生活习惯。只有自己充分意识到阅读的价值，意识到阅读对夯实自己精神底色的意义，才会无怨无悔地投入其中。也只有沉浸其中才会发现它的美好，进而被深深地陶醉和震撼。

在坚持阅读的同时加强写作，也是提升阅读能力的有效途径。阅读一本书，和作者有了一番心灵交汇的对话之后，通过写作的方式来记录自己的阅读，与作者和更多的人进行沟通和交流，对自己的思维进行梳理，不仅有助于自身专业水平的提升，也有利于阅读能力的培养。当然，教师的写作不应局限于读书笔记，还应该包括写教学随笔、教育叙事、教育科研成果的报告等。教师走进学校、走进教室，每天都会发生很多有趣的事情，每天都会有生成性的教学情境，如果留意这些并以随笔的形式记录下来，作为鲜活的教育资料就会成为自身专业成长的原动力。在这些教育随笔中，一定会有一些引起自己深思、对别人有启迪意义的故事，将这些故事讲述出来并尝试着从教育学、心理学等角度加以诠释，一篇有价值的教育叙事就诞生了。选择自身教育实践中的一个困惑点，通过文献阅读、实践探索等多种方式进行探索和研究，将整个过程记录下来，在取得突破之后加以梳理形成的研究报告，对其他有同类困惑的教师的启迪作用也会非常大。

第六节 阅读为什么重要？

阅读与教师的专业成长有着密切的关系。在教育领域，这些年出了不少领军人物，他们成长的际遇和路径千差万别，但也有一些共性的地方，阅读就是其一。几乎所有的名教师都有广泛阅读的习惯和坚持不懈开展阅读的毅力，让自己成为阅读者，让阅读成为自己的生活方式。

阅读对教师来说之所以重要，有六个方面的缘由。

第一，职业特点决定了教师必须养成阅读的良好习惯。教育的目的之一是培养学生自主学习的习惯和能力，让学生从搀着走、扶着走，逐渐变成自己走。而阅读是自主学习的一种基本方式，是一个人终身受教育的基本途径，这就是通过教师的言传身教来培养的。教师自己不阅读，则培养不出会阅读的学生来；教师自己没有自主学习的习惯和意识，则很难为学生的终身学习奠定扎实的基础。读书还是提升人的精神境界的重要途径。人类始终是在读书中思考、在读书中发现、在读书中成长的。每一个心怀理想、对精神世界有所追求的人，都会不断地在现实的大地上寻求理想实现的可能性。而广泛地阅读、持续地和哲人对话的过程，使得教师或者坚持立场，或者修正理念，并在其中逐步完善自己，最终找到在人间诗意栖居的方式。

第二，飞速变化的世界与面向未来的要求凸显阅读的重要性。我们常说教育是面向未来的事业。我们今天所做的一切，都是为了给孩子们未来的生活和工作奠基。但是，我们能预知未来吗？今天世界上最热门的10项工作，在10年前是不存在的，10年之后世界能发展到的程度也是超出我们今天的想象的。我们的教育是在为不可预测的未来培养社会的栋梁。在这样的背景下做教育，最为重要的不是让学生记住多少知识，而是要呵护学生那颗向学的心，那种求知的欲望，培养他们良好的学习习惯，特别是阅读的习惯、思维的习惯。师生在前行的道路上遇到难题的时候，可以通过阅读来寻求问题的解决。每一个拥有阅读习惯、思考习惯的人，也就拥有了面向未来的钥匙。

第三，信息对称所导致的“本领恐慌”要求教师要加强阅读。在过去很长的一段时间内，知识更替的速度非常缓慢，一个教师在从教的历程中学科主体知识、教育教学方面的知识以及教育技术学的知识等都极少发生改变，基本可以用自己求学时期所储备的那些知识来应对教学的各种要求，且教师在过去几乎是学科知识主要的信息源，学生所学的所有内容几乎都来自教材和教师的讲授，信息具有很大的不对称性，教师的权威性不容置疑。随着互联网时代的到来，教师忽然发现自身的权威性受到了极大的挑战：首先是教学内容更新的节奏不断加快，教学要求也不断改变，给自己的教学带来了很多“麻烦”；其次是自己不再是教学内容主要的信息源，学生可以通过各种新媒体和移动互联网获得最鲜活的学习信息，出现了师生信息对称的新情况，在某种程度上学生所了解的信息比教师还要多，教师还依照过去那些套路来教学生，学生自然不买账。在这样的环境下做教师，你必须要知道自己的优势在哪里，同时还要加强阅读，在名家的教育理论和一线教师的教育实践中寻找新的教育智慧来提升自己的教学能力，应对“本领恐慌”。

第四，教育综合改革的新形势提醒教师要关注阅读。过去的教育从某种意义上说是“目中无人”的教育，“知识本位”的教育观、班级授课制的教学组织形式，使得教师在教学中很难关注到学生个体，关注的重点常常落在教学目标的达成、教学进度的推进等环节上。新一轮的课程教学改革突出“以学生发展为本”的教育理念，强调要把立德树人作为教育的根本任务来落实，对教师来说，这是一次思想的革命，需要教师切实转变教育观念，并在教育实践中加以践行。思想和观念的转变不是一件容易的事情，教师要有变革的自觉，也需要“站在巨人的肩膀上”登高望远，而书籍就是教师登高望远的阶梯。

第五，要让自己的教育实践走向科学，需要坚持不懈地阅读。教育是一门科学，但其科学化程度还不够高。波普尔提出了衡量一种理论是否能称得上是科学的方法——必须要有可证伪性。换句话说，一个理论提出来之后，针对别人提出的质疑能够通过实证来证实自己的理论是经得起推敲的。回想一下我们的教育教学研究成果，就会发现其中的问题。一些学校、一些教师总结出来的教学理论或者育人模式，在变换了研究对象之后往往就失去了作用；一些教育工作者提出的“教育理论”，常常是要么降低自身的科学性，要么干脆就没有可证伪性。这固然与教育对象的复杂性有关，但也反映出教育教学研究科学化程度不高这一事实。要提升教育的科学化程度，阅读显然是一个重要途径。

第六，要让自己有一个精神上富足丰盈的人生需要借助阅读。就拿我自己来说，因为这些年来坚持不懈的阅读，我觉得自己在几个方面有明显的收获。首先，我是一个略显内向的人，平时不善于与人交谈，特别是遇到和自己不是很熟且专业相距较远的人更是觉得无话可说。随着阅读的坚持以及视野的不断拓展，我发现自己有了些许变化，在面对他人的时候话题多了起来，相互之间也更融洽了，人际关系得到了较好的改善。其次，我看书比较杂，各种类型的书籍都有涉及，多样化的书籍极大地丰富了我的精神世界。我的《读书是教师最好的修行》一书出版后，史金霞老师 2015 年 11 月曾在《中国教育报》上写过一篇题为《教师，在阅读中修行》的书评，其中写道：

在常生龙先生的新浪博客上有一个博文分类为“读书评论”，计有 543 篇文章。浏览一下，的确是以教育类书评居多，但绝不是清一色的教育书，还有其他多种门类的书，诸如哲学、历史、文学、心理学等社会科学和自然科学。

逐页扫过，有唐德刚记述之《胡适口述自传》，有廖宗廷主编的《珠宝鉴赏》，有弗雷德里克森的《积极情绪的力量》，有托克维尔的《旧制度与大革命》，有刘瑜的文集《观念的水位》，有余华的小说《第七天》，有莫言的《丰乳肥臀》和《蛙》，有黄晓阳的官场小说《二号首长》，有布朗的《饥饿的地球村》，有亚瑟·亨·史密斯的《中国人的脸谱》，有管理大师德鲁克的《旁观者》，有里吉斯的《谁得到了爱因斯坦的办公室》，有劳埃德的《古代世界的现代思考》，有何伟的《寻路中国》和《江城》……

如果说，常生龙先生十年读书是一幅波澜壮阔的油画，若是擦去十年中他所读书籍中的这些驳杂与丰富，那这幅十年读书图便失去了活泼灵动的色彩，而显得呆板滞重；如果说，常生龙先生十年读书是一组恢宏动人的交响乐，几乎无法想象，若是没有了长笛、黑管，没有了圆号、竖琴，没有了教育书籍之外的副歌与变奏，这组十年读书交响曲是否还能有动人心弦的魅力。

真实的常生龙先生，不仅仅是追求读书致用的物理特级教师，他首先是一个和谐完整的人，在他的眼中、心中和手中，有一个完整的世界，这个世界不仅有“格物致知”之务实价值，更有“心之所向”的安静与美好。①

再次，在我所读的类别繁多的书籍中，有不少是关于健康生活方面的。我将自己在书中所学的相关知识运用于自己的生活方式的改进中，也有了明显的成效，虽然工作压力很大，但身体一直保持得很好，心情也很愉快，最近这几年因为坚持锻炼和调整饮食，体重还减轻了不少。也因为如此，我更加重视读书，让其成为我的生活方式了。

---

① 史金霞．教师，在阅读中修行［N］．中国教育报，2015-11-16（07）．

第二辑

借我一双慧眼吧

有了阅读的意愿，接下来就是教师该读什么的问题了。有人强调阅读要读经典，有人建议阅读要把握当下教育实践和教育理论的新进展；有人主张要从千百年来教育名家的思想中汲取智慧，有人则认为人工智能、脑科学研究和认知科学才是武装教师的主要利器……

很多时候，真理不在两极，而是它们之间的某个中间地带。我们都知道白光由“红橙黄绿蓝靛紫”七种色光组成，但对人眼来说最舒适的单色光既不是红光，也不是紫光，而是位于光谱中间位置的绿光。教师的阅读也是这样，需要广泛涉猎、博采众长，为自己培植一棵枝繁叶茂的阅读树。

第一节 书面语言的价值

在人类历史的长河中，人类社会一直都在设法克服地理的阻隔、死亡的大限、遗忘的侵蚀。人类为此做出了不懈的努力，史前文明的许多遗迹都留下了这些努力的痕迹，但看上去并不乐观。直到公元前 40 世纪，一个看上去小小的发明，让人类千万年来不懈努力的事情变为可能。

这个发明就是文字。

一、文字带来的变革

我们至今无法确切地知道当时的人们是出于种种商业的理由，还是出于其他方面的需求，创造了这种永远改变了人类沟通本质的艺术——文字，以及书写的艺术。

在西亚，人们非常聪明，找到了一种记载文字的载体——泥板。最初，发明者可能已经了解到这些泥片的优势胜于头脑记忆：首先，泥板可存储的资讯无穷无尽；其次，不需要记忆持有人在现场将记忆内容说出。汉字趋于成熟大约是在公元前 14 世纪，我国留下的最早的文字（甲骨文）来自商朝的占卜，因为甲骨文的制作不易，所以当时的文字都非常简明，行文精练，讲究实用。文字的发明是一次重大的技术革命，一下子突破了地理的阻隔，让人们不再担心遗忘，也不再担心有智慧的人死亡之后将其知识和智慧带走。

文字的发明大大地拓展了人类的记忆，相当于在人的大脑之外外挂了一个巨大的信息存储器。过去只能通过大脑来存储的信息，现在可以通过文字加以归类、存储和加工，这种延长记忆的特征也极大地激发了书写创作的动力。书写不仅扩展了记忆的范围，也延长了记忆的时间，更为重要的是书写作为语言的延伸，在传播思想方面发挥着重要的作用。文字所表述的思想具有永恒性，不会转瞬即逝；思想可以在更大、更广阔的范围内传播，超越时间和空间的限制，可以让读者从作者的经验中获益，不必通过自己的亲身体验来学习。

文字和书写的发明同时还带来了另外一系列的副产品：记载文字和书写文字的书籍诞生了；“作者”这个群体开始出现了；阅读这一活动同时产生了，并有了“读者”；“学校”也随之诞生了。

二、书籍的演变历程

最初的“书籍”，其实就是一块块的泥板。教师教学生学习的时候，先在泥板的一面写上字，让学生在另一面模仿着写。当时人们的一些思想和作品，也是通过这样的泥板保存下来的。

泥板有一个很大的缺点，它需要很大的场地和空间来保存，移动起来也很不方便。之后人们又发现可以在莎草纸、羊皮纸上写字，将“书籍”做成卷轴，需要的时候摊开来看，不需要的时候就卷起来，以节省书籍存放的空间。莎草纸的发明也是书籍发展史上的一件大事，以至当时埃及的托勒密国王希望将莎草纸的制造方法列为国家机密，以保证亚历山大图书馆的领先地位。我国没有莎草纸，所以在甲骨文之后走上了另外一条保存文字的道路——简牍，即在制作好的竹片上刻写文字并加以保存。将这些刻有文字的竹片一个个串联起来，就成了当时的书。现在常用“学富五车”来形容一个人读书多、学识丰富，其实在当时五车的简牍所容纳的文字量估计也就几万字。

简牍体积大、分量重，书写起来更是烦琐，一旦刻错了一个字，就需要用刀具铲去表层，然后重新刻写，这也导致了人们在书写的时候总是想方设法用尽可能精练的文字来表达丰富多彩的意义，注重文字的“微言大义”。精致、典雅和隽永的汉字，是汉语区别于其他语种的重要标志。当然，简牍的种种不便也激励着人们找寻更加方便简洁的记载文字的载体，“造纸术”就是在这样的需求中诞生的，书籍因此有了新的呈现方式。

从公元4世纪到800年后纸出现于意大利时为止，羊皮纸一直是欧洲最受欢迎的书写材料。到了公元400年，古典的卷轴几乎被扬弃，大部分书籍都以集合页片制成一个长方形的开本。折叠一次，变成对开的纸页；折叠两次，四开本；再一次折叠，八开本。到了16世纪，折叠纸片的格式已固定下来。1527年法国弗朗索瓦一世颁布法令，规定了他的王国内的标准纸张尺寸，任何违反此规定者皆要身陷囹圄。

15世纪中期，在德国发生了一个非常重要的事件，美因茨主教管辖的区域内有一位名叫古登堡的人发明了活字印刷机，并制作出了世界上第一本由铅字印刷的《圣经》。突然间，自从文字和书写发明以来，第一次迅速而大量地生产阅读材料成为可能。

在此之前，书是以手抄的方式来传递和保存的，很多书都是孤本，只能由一个人拥有。书籍是社会地位及拥有某种知识财富的象征，有书在手等同于具备了智性力量。铅字印刷使得成百上千的读者可以拥有相同的一本书，而且不同地域的人们所读的是一样的书。这使得书籍的功能从知识财富的象征开始向基本的研究工具转化。

三、书面语言与人的思维

现代人类出现于400万年之前，而文字的发明在公元前40世纪左右。在没有文字之前的漫长时间里，人类之间的相互沟通显然是通过口头语言进行的，这种语言我们称为自然语言。

文字是人类的创造发明，是在自然的基础上抽象出来的一种新的语言体系。自从有了文字之后，那些掌握这种文字的人们在交流互动的时候就需要掌握并运用一种技能——将人类创造的文字“翻译”成能够被自己处理的自然语言。自然语言更多的是形象思维，而书面语言则是抽象思维，两种思维之间的转换并不是一件容易的事情，因此学会阅读绝不像人们想象的那样简单。

相信很多人都有这样的感受：平时讲起话来不打草稿，一套一套的，说得似乎还很在理，但要让自己把所说的话写下来，立刻就感到困难重重，不仅觉得写出来的文字词不达意，还常常觉得文字本身干巴巴的，缺少了很多灵性。这也直观地表明自然语言和书面语言是两种不同的表达方式和思维方式。

口头语言多是人和人之间面对面的交流，而且交流者相互之间在大多数情况下有一定的了解，也是互相熟悉的，在交流时有着共同的场域。书面语言则不相同，虽然也是和作者进行交流，但作者本人与读者之间处于一种分离的状态，读者和作者之间往往不那么熟稔。这就像我们与异时异地人的相遇，跟我们平时的社会交往不同。这种相遇会让我们体会到一种愉悦的紧张感。这是书面文字的阅读所特有的，语言一旦变成了书面语，需要读者自己主动去吸收、去领会，故往往伴随着精神的紧张。这种紧张感有点类似于去见领导，或去见一个仰慕已久但却不是很熟悉的专家或长者的那种情况。面对自己不太熟悉的事情或人物，需要自己表态或者发表意见时，我们常感到紧张和焦虑，而如果多读了一些书，对这个领域有相当多的了解和认识，当需要去面对这些事情的时候就会容易很多。也就是说，阅读本身就是一种与众不同的交往，人往往就是通过这样的交往获得总体性的进步的。

语言是思维的工具和载体。如果一个人只会用口头语言来进行表达，那么他的语言就会贫乏很多，因为日常生活中人们不需要过于复杂的语言。丰富多彩的书面语言给人的思维提供了广阔的时空，一个人懂得运用丰富的书面语言，他的思维和情感也就会变得越来越复杂且缜密。那些文学家和思想家，他们所创造出来的作品往往与作者自身成长的环境、自然风土关系密切。读他们的作品，需要将自己置身于作者生活环境的氛围之中，这样才能触摸到那种潜藏在作品深处的异常独特的感觉。阅读的过程，不仅仅是与作者的隔空交往，还是一种生命体验，是丰富的想象力的培养过程。读者往往会根据这些书面的文字去想象某种影像、某种声音和某些气味，从颜色、花纹、图案到登场人物声音的音质，一切的一切，这是人所具有的一种超越其他生物的能力。这就是书面语言的功用。书面语言具有口头语言所不具备的复杂多变的属性。

教师开展教育教学活动的目的之一，就是要让学生了解书面语言的特点和功用，习惯于用书面语言来表达自己对事物的认知以及自己的思想情感。所以教师自己要善于阅读，成为书面语言阅读的示范者和推广者。

对教师自身而言，娴熟地阅读和运用书面语言还有如下作用。一方面，书面语言复杂多变的属性能够很好地涵养教师的智慧，并逐渐修炼出那种宠辱不惊的冷静且坚韧的性格。不断进行阅读修炼的人，总是让周围的人感觉到一种冷静的睿智四射的气场，容易形成一种独立于自己主观之外的既冷静又客观的就事论事的姿态。另一方面，今天的社会生活节奏很快，人们表达思想也常常是短平快的，希望通过微信、小视频、现场演讲等多种方式，在短短的几分钟内言简意赅地把自己的所思所想表达出来。这是一种基于缜密而严谨的逻辑推理的表达，是一种既简明扼要又富有强烈节奏感的口语表达方式，需要相当高的技巧。教师承担着培育学生的责任，而训练这种表达方式的方法就是书面语言的阅读，如果没有经常练习用书面语讲话，一般很难使讲话内容具有较高的含金量。

土耳其小说家奥尔罕·帕慕克在《白色城堡》里说过这样一段话："人生犹如单趟车旅，一旦结束，你就不能重新再来一次了。但是假如你有一卷在握，不管那本书是多么复杂和艰涩，假如你愿意的话，当你读完它时，你可以回到开头处，再读一遍，如此一来就可以对艰涩之处有进一步了解，也会对生命有进一步的领悟。"

养成了阅读的习惯，我们的人生之旅自然会更加充实和丰富。

第二节 教师该读些什么？

到 2035 年总体实现教育现代化，建成高质量的教育体系是新时代教育深化改革、加快发展的最强音。

教育现代化的核心是“人的现代化”，没有“人的现代化”，就没有教育的现代化，也就不可能有国家的现代化。新时代的教育始终聚焦人的发展，其意义就在于此。但“人的现代化”的实现，是一件非常困难的事情，绝不是靠增添一些现代化的设施设备、增加一些对教育的投入就能实现的。教育工作者、家长和社会各界都需要经历一个艰难的观念改变、文化认同以及精神和心理上的转化过程。学校教育作为社区的文化高地，在其中发挥着重要的作用，教师必然要成为“人的现代化”的示范者和引领者。

高质量的教育体系是由高素质的教师队伍支撑起来的。在构建高质量教育体系的过程中，广大教师肩负着落实立德树人的根本任务，需要在储备学识上发愤图强，在教育教学上与时俱进，在课题研究上攻坚克难；需要不断提高教书育人的本领，不断提高发现问题、解决问题的能力；成为政治素质过硬、业务能力精湛、育人水平高超的新型教师；成为有理想信念、有道德情操、有扎实学识、有仁爱之心的“四有”好老师。

“人的现代化”的示范者、高素质的新型教师，不是自然而然就能实现的，而是需要经历教育理念的与时俱进、学识素养的厚积薄发、信息技术的无缝融合、育人方式的切实转变等一系列过程。这需要教师养成终身学习的良好习惯，在持续不断的学习过程中逐渐向高素质教师的方向靠拢。一般来说，教师学习的途径不外乎两条：一是学校和教育部门等提供的学习机会，包括学历提升、专题培训、跟岗锻炼、外出考察、现场展示和观摩等，但这样的学习机会往往聚焦在少数骨干教师身上，大多数教师较少有这样的机会；二是教师自身根据新时期教育发展的趋势和要求自发进行的阅读学习。这是每一位教师都能够践行的学习活动，是成为新时代高素质教师一个重要且必要的成长通道。教师越早意识到这一点，越早将阅读作为自己安身立命的基本功课，始终坚持通过阅读提升自己的专业本领，才能担负起为党育人、为国育才的历史使命。

一、教师学习的特点

同样是学习，教师的学习和学生的学习有很大区别。

第一，教师的学习是自我导向的学习。学生的学习更多地依赖教师的教学活动，教师主导学习目的、学习内容和学习计划，学生在学习安排上相对被动。教师的学习则有很强的自主性，往往是自己制订学习计划，自主确定学习内容和方法，自主规划学习活动并对自身的学习经验进行评估。虽然有时也会被动接受相关的学习任务，但总体上自我导向的学习是主旋律。对于教师来说，阅读学习与自我导向式学习有着很高的契合度，在教师常见的各种学习活动中，阅读是最为主要的学习活动。问题是教师以阅读为标志的自我导向式的学习活动目前尚未形成气候。据中国新闻出版研究院发布的第十八次全国国民阅读调查结果显示，2020 年我国成年国民人均纸质图书阅读量为 4.70 本，纸质报纸的人均阅读量为 15.36 期（份），纸质期刊的人均阅读量为 1.94 期（份）。尽管近些年来国家和各级政府积极倡导全民阅读，但成年国民在阅读的数量方面并未出现质的变化，教师的阅读状况同样不容乐观。通过各种举措减轻教师非教学工作上的负担，让教师有时间自我规划学习活动，积极主动地去阅读，是当前深化教育改革过程中必须要破解的难题之一。

第二，教师的学习是强调实践的学习。学生因为身心发育尚不完全，他们的学习主要是为了促进身心的健康发展，同时帮助他们在从自然人成为社会人的过程中掌握社会的基本运行规则、符号体系和文化价值观。教师的学习往往与自己所承担的社会角色直接相关，学习的目的是更好地担负起教育这一重任。所以教师学习的针对性很强，重在帮助其加强自身的能力。有些教师很注重学习，购买了很多书籍来读。但他们在工作中总是将自己定位为学科教师，总想着如何提升自己的课堂教学水平，所以选择的也多以学科类以及与教学实践工作密切相关的书刊为主。教师有阅读的习惯首先值得肯定，但阅读面过窄实际上并不利于自身的教学实践。教学是一个复杂的系统，教育政策、学校文化、家庭环境、学生心理、师生关系等，都会对教学成效产生影响，有时这些非课堂教学的因素带来的影响可能还会更大。教师的阅读越广，越能帮自己跳出课堂教学看自己的教学实践，越有利于发展自己的社会角色。

第三，教师的学习是解决问题的学习。学生的学习虽然也强调理论联系实际，但总的来说，学习是为未来更好的生活和工作奠基。而教师的学习更强调运用所学知识解决当下的实际问题，“学以致用”是教师学习活动非常鲜明的特点。教师在解决实际问题的过程中搭建起的关联系统，远比理论学习的知识体系重要。教师学习的这一特点使得教师在书刊的选择上更注重实用性。学校或教育行政部门推出了新的教育举措，要求大家跟进，与之相关的书籍就会成为教师选择的对象。比如，近几年随着核心素养培育要求的推进，涉及核心素养、新课标、新教材、项目式学习的书籍很畅销。教师在教育教学实践中遇到了问题，也会寻找相应的书籍来解惑。像各种教育教学类的“兵法”、各种教学设计和教案等，都是教师寻求帮助时的选择对象。解决实际问题的阅读很重要，但总是这样去学习难免会造成阅读过程中“头痛医头、脚痛医脚”情况的发生，缺少必要的章法，想要通过阅读取得好的成效也比较困难。

第四，教师的学习是内在驱动的学习。在同一场所、同一时间学习同样的内容，对个性特点迥异的学生来说是一个挑战，他们之所以能够坚持下来，很大程度上是因为外界力量的作用使然。而教师的学习往往是自己感到“本领恐慌”，希望通过学习让自己在这个复杂多变的世界里站稳脚跟，所以那些爱阅读的教师在学习方面都有很强的内驱力。具备内驱力的教师能够在学习中获得更多乐趣，因为他们不仅能在学习过程中体会到乐趣，在学习之后更会获得实实在在的收益。教师是否具有学习的内驱力，主要取决于他对所从事的工作的感受。如果在工作中处处受到尊重，感觉到工作是自己可以把控的，通过自己的努力可以让教育教学成果更加凸显，就会产生不断学习的内驱力，努力让自己表现得更为出色。如果工作不被重视、不受尊重，自己也无法依据教育教学规律把控教学的进程，就会产生一种无力感以及无法改变现状的沮丧。

认真分析研究教师阅读和学习的特点，明晰当下教师阅读中存在的困难，对引导教师养成良好的阅读习惯、培育终身学习的能力有着重要的意义。

二、教师专业发展的动力机制

每一项工作都可能有三种不同的做法。

第一种是原创，即在工作中勇于创新，通过不断地创造让过程充满活力，让自我不断超越。

第二种是组合，虽然自己没有原创性成果，但善于学习他人的先进经验，并结合自身实际进行重组和加工，让自己不走老路。

第三种是反复操练，一年又一年、一轮又一轮地重复过去的故事。

显然，这三种工作状态背后的专业发展动力机制是不一样的。

善于原创的人始终有着不走老路、锐意变革的内在渴望，这是一种由内而外的发展力量，如果有恰当的环境和氛围支持，其能蓄积和迸发的力量是无穷的。善于组合的人注重学习，他们有改变自己的内在需求，但更需要外力的支撑和榜样的引领，通过借鉴和模仿他人让自己能够跟着原创者前行。那些处于反复操练工作状态的人，最担心的就是改变，总想“以不变应万变”，满足于现有的专业水准。

上述讨论对教师也是适用的。显然，教师专业发展动力的大小来自其专业追求的高度，来自社会对其专业发展成就的不断反馈。让更多的教师成为

“原创”型教师，是解决教师专业发展动力不足的关键。事实上，教师工作本身就具有“原创”的特质，这是一项基于个人教育哲学而开展的高度个性化的工作，总是置身于个性化的教育情景之中，面对的是个性化的学生，开展与众不同的教育教学活动，这就要求教师必须创造性地来处置各类教育教学问题。当下最需要做的是发掘教师的专业原创力、引导这种原创力的释放、助推这种原创力的形成，并作为教师教育系统构架的基础。

要发掘、引导、助推教师的原创力，外因固然重要，但归根结底还要靠内因，这离不开教师的自我重构，而坚持阅读、养成良好的阅读习惯，则是帮助教师自我重构的重要路径。教育系统有很多名师，他们成长的道路各不相同，但都有一个共同特点，就是善于阅读、坚持学习。孔子在《论语》中说：“温故而知新，可以为师矣。”用今天的话来说，作为一名教师必须不断学习，不仅要丰富自己的知识，更要提升教育智慧，有自己的独立思考，有对教育教学工作的新的认识和创新实践，守正出新，与时俱进。所以苏霍姆林斯基说：“读书，读书，再读书——教师的教育素养的这个方面正是取决于此。”

三、教师阅读的特点

和国民的常态阅读相比较，教师阅读有其自身的特点。

首先，教师阅读是一种专业阅读。专业阅读带有较强的目的性，是为了提升自身的专业素养，让教育教学活动能更好地促进学生的健康成长而进行的阅读。教师的教育教学活动，教来教去最终的目的就是要教会学生如何读书，教师教给学生的不是一个个知识点，而是生命和自我。教师自己没有读懂、读好相关的作品，是没有办法去教育学生的。一个教师要想发展，必须要走上专业阅读的道路。教师的专业阅读是有选择的，不能“捡到篮子里都是菜”。要注重对学科本体知识的阅读和研究，要注重对心理学与脑科学知识的阅读和研究，要注重对课程与教学理论的阅读和研究，要注重对核心素养、深度教学等课程教学改革重点领域的理念与知识的阅读和研究，要注重对国内外优秀文化的汲取和借鉴。这些都是教师专业阅读所要关注的领域。

其次，教师阅读是一种深度阅读。现在是出版业比较繁荣的时期，各种类型的书籍铺天盖地，让人目不暇接。但从大的方面看，这些书基本上可以分为三类：第一类是一看就能懂的书，比如那些“心灵鸡汤”之类的作品，这样的书籍阅读起来不费脑子，自然也不会磨砺阅读的能力，教师不需要在此类书籍上花费太多时间；第二类是看了半天完全看不懂的书，这样的书看了等于白看，也没有必要读；第三类是看上去似懂非懂、会产生很多疑问或困惑的书籍，这样的书籍最有价值，往往能够帮助教师对教育教学形成一种根本性的理解，为解决具体问题提供丰富的知识背景，也最能助力教师的专业成长。“不经一番寒彻骨，怎得梅花扑鼻香”，教师要有足够的自信和勇气，一本本地去啃这些“硬骨头”。

最后，教师阅读是一种示范阅读。教师的示范阅读体现在三个方面：一是为学生养成良好的阅读习惯提供示范。我一直坚持这样的观点，教师自己不读书，就培养不出会读书的学生来。学生在校学习期间，受到教师潜移默化的影响最大。一个手不释卷、潜心阅读的教师，会让孩子走近他就能闻到浓郁的书香气息。二是为同行的专业阅读提供示范。现在有不少教师还没有养成专业阅读的习惯，有的教师很想阅读但却不知该如何去做，那些成为先行者的教师有责任为广大的教师提供示范和引领，帮助更多的教师走上专业阅读的道路。三是为推进全民阅读、建设书香社会提供示范。学校是播撒阅读种子的地方，教师是最为重要的阅读推广人。如果更多的教师成为阅读示范者，全民阅读必将会掀起一个新的高潮，书香社会的美丽愿景也有可能变成现实。

四、教师要坚持专业阅读

没有阅读，就没有真正的教育。没有专业阅读，就无法造就真正的教师。所谓专业阅读，简单地说，就是顺应职业特点和个体专业发展的需求开展的阅读。不同的职业有各不相同的特质，为了将相应工作做好而开展的专业阅读自然也有较大差异，因此专业阅读具有鲜明的职业特征。

我最初的阅读阶段，实用主义的思想是比较明显的，主要选择与当下工作内容相关的书籍来阅读。随着阅读的持续推进，我逐渐进入了建构自我阅读体系的阶段。我所建构的阅读体系是由七个知识板块构建而成的“七巧板”。

第一个板块是学科的本体知识。首先，学科本体知识是一个庞大的体系，教材所选取的仅仅是其中支离破碎的一小部分。对学科本体知识的把握越是全面深入，给学生讲述的时候就越能做到举重若轻。其次，学科教材的内容有点类似于“压缩饼干”，是被一次次抽象之后提炼总结出来的精华，要想让学生理解，需要先对教材上的学习内容进行“解压”，还原其发展演变的轨迹，增强与生产生活实践的联系。教师自己在这一领域的阅读质量和水平决定了他在“解压”的过程中路径是否正确，方向是否跑偏。再次，要关注学科知识中蕴藏的思想方法，不能就事论事，在知识的理解上闹笑话。比如说，市面上流通的看图识字卡片中有这样一幅图片，为帮助孩子认识“进”这个字，作者画了一口井代表“井”，走字旁则用一条蛇来表示，给人一种蛇绕着井口转圈的意象，这显然是对文字的误读。“进”是一个简化字，其中的“井”是由“隹”简化而来的，“隹”是鸟，如果你仔细观察小鸟在地上的行走，就会发现它们只会前进或者转弯，不会后退。绝大多数的文字都是前人在对自然现象大量观察的基础上经过梳理、提炼后抽象出来的，其中不仅蕴含了文字产生和演变的过程，还有很多方法论的知识在其中。另外，学科的知识体系是随着科学技术的飞速发展而不断丰富的，学科的很多概念和教学内容也会随之有所变化，甚至出现颠覆性的变革。就拿“质量”这一概念来说，长期以来大家都以为它是物体的一种基本属性，但随着我们对基本粒子的深入研究，科学家们发现质量并不是物质的一种基本属性，它起源于基本粒子之间的相互作用。所以说教师对学科本体知识的把握越是全面深入，给学生讲述的时候就越能做到举重若轻。

第二个板块是教育管理的知识。无论是学校的管理者还是教师，都要承担几十个人甚至成百上千人的管理职责，都需要熟悉教育管理的基本知识和理论。在这方面，德鲁克提出的目标管理和自我控制，对团队管理、班级管理、学校管理都有非常好的指导意义。学习是学生个体的行为，如果学生自己的内驱力不能激发出来，要想取得好的成绩是很难的；教师也是如此，采用威权式的管理来逼迫教师“就范”基本上是不可能的，让教师在学校找到自身的价值，主动承担教育教学甚至课程教学改革的重任，是管理的艺术所在。

第三个板块是课程建设的知识。从教学目标的提出，到课堂教学的设计，再到教学成效的评估，这三者之间存在着不可分割的内在联系，它们都是课程建设的重要组成部分。首先，随着教育综合改革的不断深化，教师的角色也在不断发生变化，教师要从原来教材的执行者转变成课程的建设者，这就要求教师能基于课程方案的要求和本校的实际，对国家课程进行校本化的实施，拟定实施的细则，明晰课堂教学的着力点，细化课程评价的方案。其次，从教学目标的提出，到课堂教学的设计，再到教学成效的评估，这三者之间存在着不可分割的内在联系。高质量的教学设计能厘清其内在联系，建构促进学生高阶思维的教学序列。再次，课程方案和教材给教师提供了教学的素材，学生的身心发展特点决定了教学的起点。教师做教学设计，一方面要吃透教材，弄清楚学科的知识逻辑和整体结构，弄清楚每一个知识点在学科体系中的地位和作用；另一方面要理解学生，把握学生的学段心理特征、认知规律。在此基础上，通过巧妙的教学设计，在教材内隐的知识逻辑与学生内隐的认知逻辑之间架设一道桥梁，让学生能够方便地从自己的世界进入学科的世界之中，感受学习的乐趣，在学习新知的过程中获得巅峰体验。这些课程建设、课程实施以及课程评价的经验，都不会凭空而来，需要在大量阅读的基础上结合自身的教学实际逐渐体悟和内化。

第四个板块是脑科学与学习心理的知识。“陶行知喂鸡”的故事告诉我们，如果学习者没有求学的欲望和冲动，无论教师如何努力学习也不会发生。学校教育的主体是学生，教师要通过阅读脑科学、学习科学、认知心理学等方面的书籍，加深对学习生理机制、心理机制等方面相关知识的理解和认识，研究不同年龄的学生大脑发育、身体发育的特点和他们的心理特征，努力创设易于引发学习产生的氛围和环境。进入 21 世纪以来，脑科学的研究突飞猛进，对学习机制的了解和认识也日益丰富，学习科学、认知心理学等也随之有了诸多的理论创新，对指导教师的教育教学实践有着重要的价值。广泛阅读该领域的相关书籍，有助于教师采取切实有效的办法激发学生的学习动力，实现高质量的教学。教师需要加强学习，广泛阅读这方面的内容，坚持“育人为本”，让自己的教育教学始终做到“目中有人”。

第五个板块是资源整合的知识。布鲁纳的认知主义教育思想对当今的世界教育影响深远，他所提出的知识的结构、螺旋式的课程体系、思维的价值以及内在动机的激发，至今仍然为学校教育所推崇。但他在即将进入新世纪的时候，对自己的教育思想进行了颠覆，倡导要建立人文主义教育观，提醒人们不要将学校变成一座孤岛，要关注孩子所处的文化环境，并将文化、心灵和教育作为新的教育观的三个主要概念。家庭、学校、社会给孩子所营造的成长环境、所提供的教育资源，对孩子的成长有着重要的影响和作用。在教育改革的道路上人们曾经走过许多弯路，今天学习这个，明天学习那个，学来学去总是学不好。这其中的缘由很简单，所有的教育行为和策略都与当地的文化生态有着密不可分的关系，不同的国家之所以选择各不相同的教育发展道路，也是因为国情、文化的不同造成的。学习和思考永远都置身在文化情境里，并且永远都依赖文化资源。而那些文学类、历史类、哲学类、思想类的经典书籍，本身也能让教师学会从另外一个视角看待教育。

第六个板块是教育哲学的知识。观念决定行为，每个人无论做出怎样的行动，都有其背后的观念做支撑。如果你坚守“内发”的教育观，就会强调教育教学中学生的主体地位，注重循循善诱，让学生在做中学；如果你坚守“外铄”的教育观，就会强调教育教学中教师的主导作用，注重灌输和塑造，让学生死记硬背。当然，现在看来这两种观念也不是完全对立的，真理往往不在两极，而是交汇在某个中间地带。一个总是专注于本学科知识的研究、没有读过哲学的人，很容易成为一个事务主义者。教师常把“传道授业解惑”作为自己的使命，以终结一个个问题为目标，但哲学并不是这样，它总是不断地把终极性的问题放在你的面前。如果一位教师能够做哲学性的思考，善于在司空见惯的教育行为之中提出颠覆性的问题，他就会走向“原创”之路，引领学科甚至教育的发展。

第七个板块是“五育并举”的知识。在过分强调学科知识的背景下，一些学校很容易将“五育并举”变成五育的“拼盘”，动用了很多的力量，花费了很大的精力，但相互之间内耗很大，劳民伤财。要落实立德树人的根本任务，培养德智体美劳全面发展的社会主义建设者和接班人，首先要做到开齐开足各类课程，不能“以考定教”，让学生成为应试的机器。其次要避免“头痛医头、脚痛医脚”这种简单粗暴的做法，要通过广泛的阅读和学习，深入研究“五育”的特点，不要总是做课程的“加法”，在现有的课程之外再去建设新的课程，而是要将“五育”融入现有的课程教材之中，发掘现有课程的潜能，让学生获得全面的教育和成长。就拿让学生课间做操这件事情来说吧，按照规范按时排队入场体现着德育的要求，知道怎样做动作并做到位是智育的要求，做操本身是体育，步调一致的动作和节奏呈现给我们的又是美育，坚持锻炼和运动又能为人的劳动提供保障……每项学习任务大都有这样的特点，育人的任务只有不被肢解，“人人都是教育工作者”这句话才能落到实处。

这个“七巧板”体系还是有一些共性的，可供各地的教师借鉴。有了自己的阅读体系，教师的阅读就能有所依循。这样在平时的阅读活动中，就会依据阅读体系来检视自己一个阶段的阅读状况，并不断加以调整，以便让这“七巧板”都活跃、丰满起来。

当然，提倡教师走专业阅读之路，非排斥阅读其他类型的读物。开卷有益，只要你打开一本书，总是会从中获得些许收获。只要有时间，兼收并蓄总是好的。

第三节 如何找到有价值的书？

很多教师其实是有阅读的意愿的，但常常为怎样找到心仪的书籍而烦恼。通过博客等媒体，有不少教师和我探讨过如何选书的事情。要回答这个问题并不容易，每个教师的阅读基础有很大的差异，阅读趣向、专业背景等也有显著的不同，别人认为重要的书，自己可能读不下去，别人喜欢的书，自己可能一点也不喜欢。

一、选书的途径和意图

第一，选书的途径。

书是需要淘的。我淘书主要通过两个渠道：一是书店，二是网络。到书店去寻找自己喜欢的书，其优点是能够见到实物，可以通过翻阅了解这本书的主要内容，判断是否值得购买。到新华书店去淘书，需要有足够的耐心，面对琳琅满目的图书，真要找到几本自己喜爱的书籍没有时间的投入是不行的。我比较喜欢去两类书店，一类是专业书店，比如说专营教育图书的书店。因为是专营，对书的选择也往往比较精到，我可以很方便地在这里找到自己需要的书籍。另一类是旧书摊，有些“宝贝”躲在新华书店的某个角落没人赏识，时间久了就沦落成为折旧的图书，来到了旧货市场。经常到旧书摊上去看看，说不定就会有意外的惊喜。在网络上淘书，是我现在购买图书的主要方式，其优点是足不出户，只要输入相关的关键词，同类书籍就会一起推送到你的面前供你选择。在网络上选书，我比较注重三个方面的信息：一是出版时间。近期出版的新书，我会比较在意，除非有特定的选择，一般不去关注出版时间比较久的书。二是出版社。有几家出版社在教育、文化等方面做出了自己的品牌，他们对图书的选题本来就有独到的眼光，所出版的作品无论是装帧还是内容都比较好，值得信赖。三是书的内容。可以通过网络上提供的章节试读、内容提要等栏目，了解本书的写作风格和特点，加以判断和选择。

朋友的推荐也是我选书很重要的途径。在我自己的周围就有不少教师和校长非常喜欢阅读，他们在自己阅读的同时还会将自己的感受和体验讲给周边的人听，如果你自己感兴趣，他们说不定还会亲自购买来送给你。我选购的不少书就来自身边朋友的推荐。如果你经常浏览博友的博客、专业的论坛以及阅读方面的微信公众号，也会在其中找到一些阅读方面的志同道合者。他们中的很多人有非常丰富的阅读经验，对如何选择一本书来阅读也有独特的见解，对相关作品的剖析更是非常深刻。和这些朋友互动交流的过程中，自然就会得到许多有价值的图书信息，丰富我们对书的选择。

如果你经常阅读，并且主动将自己的阅读体会发布在网络上，时间长了就会引起各方的关注。一些新书的作者会将自己的作品寄给你，一些出版社也会赠送最新出版的图书。我因为坚持每周读一本书，撰写一篇读后感，并将这些文章发布在博客上，所以经常会得到作者和出版社的赠书，也丰富了对书籍的选择。

第二，选书的意图。

一个人每周坚持读一本书，已经是一件非常不容易的事情。每周全国各地的出版社出版的图书往往有数万种。种类繁多的图书与个人阅读的有限性之间的矛盾，提醒我们要慎重选择所要阅读的书籍，不要自己浪费时间。

选书的时候要少一点功利性。有一些教师对阅读这种“潜移默化、润物无声”的特点认识不够，认为只要读上几本书就能让自己的专业水平有很大的提升，等遇到专业成长的问题时“临时抱佛脚”，这实际上是一种误解。阅读就像我们每天吃饭一样，这些营养品源源不断地供养着我们身体的各个部分，需要假以时日才能看到身体的成长和心智的成熟。在阅读时要摒弃功利性的想法，依据自己的阅读基础，选择自己喜欢的能够顺利读下去的作品，先把阅读趣味培养起来。阅读的面要尽可能广，不要仅仅局限在自己的专业领域或者教育领域。世界原本就是一个整体，相互之间有着非常紧密的内在联系，其他领域中处理问题的方式，或许可以借鉴到教育中来，为我所用。

阅读不能太功利，但选书还是应该有一定的想法或意图的。比如说要剖析自己在专业成长方面的短板和问题，有意识地去读一些相关的书籍，来补自己的短板。我从教之后在较长的时间内将目光聚焦在课堂教学上，新课程改革提出教师应该是课程的建设者这一理念后，我意识到自己对课程的理论、课程的要素、课程的建设等方面的理解都非常肤浅，于是集中精力研读了一批课程论、课程实践方面的图书，自己从中获益匪浅，后来还因此成为上海市研究型课程建设项目组的专家组成员。比如对某一个人或者某一项工作感兴趣，可以在一段时间里集中阅读相关的作品，全方位地加以了解，深化认识。李希贵校长就是我长期关注的对象之一，他最近 10 年的每一部著作我都阅读过，还分别撰写了读书体会。2020 年他来虹口进行学术交流，我曾将自己阅读他的著作后所撰写的文章汇编成册，赠送给他。对黑洞、对慕课和翻转课堂、对那些真正做到“目中有人”的学校……兴趣，让我确立了一个个的小专题，开展系列化的阅读。这样的阅读既有点上的深入，又有面上的拓展，效果明显。

带有一定意图去读书的过程，也是培养文化判断力的过程。结合自己的工作和生活实际来确定哪些书适合精读或者作为专题阅读，哪些书主要是拓宽视野的阅读，这本身就是一种选择和判断；就一个阅读主题，不同的人的思考方式常会有较大的差异，将相关联的书籍放在一起阅读也会给自己带来多元化的认识和思考，提升自己的思维品质，这些都是提升自身文化判断力的过程。随着判断力的逐渐提升，选书的品位和质量也会同步提升。

二、书有不同的类型

人每天都要吃饭，为身体各种器官的新陈代谢提供各种原材料，为自己的体力和脑力劳动提供能量。同样，人的生活不应该少了阅读，通过阅读来获得精神的养分，来让自己的内心世界更加充盈、底蕴更加厚实。

按照不同的分类标准，可以将书分为不同的类型。我在前文中从几个方面所归纳的教师专业阅读，其实就是从教师的专业知识结构出发所做的一种分类。

有人将教师专业阅读类比为吃饭，从食谱的角度对教师应该读的书进行了分类，将其分为以下几种类型。

主食类书籍：研究事物最底层的逻辑和原理的书籍。

凡事皆有规律。很多看上去相去甚远的不同学科或领域，从微观层面上看相差很远，但在大尺度上却可能有着惊人的一致性。各种复杂的系统背后，往往蕴含着共同的事物最底层的逻辑和原理。经常阅读这些类型的书，能够帮助自己站在更高的层面上看待自己所从事的教育事业，它能打破固有的认知，重构新的认知，并且给教育现象提供相关的依据和支撑，帮助你真正建立起大思维格局。这些书更多是思维层面的，比如哲学、心理学、逻辑学、经济学、社会学……当你读了一些这类书籍之后，你会发现你过去所读的各种类型的书、吸收的各种知识、实践习得的各种经验，都能在一个宏大的格局中被装进去。由此，你的知识边界得以拓展，触类旁通的能力得到增强，生活和工作方式也逐渐得到改进，慢慢地就会理解“大道至简”的深刻内涵了。

蔬菜类书籍：具体解决某一类问题的专业书籍，以及提供方法类的书籍。

教师在教育教学的实践中经常会遇到各式各样的问题，其中绝大多数的问题都已经有解决的办法。只要教师有解决这些问题的意愿，通过知网等检索工具的查询，就能很方便地找到相应的文本。当然，在学习他人的技术和经验的时候，不能简单地拿来照搬照用，每一种教学法、每一个教学项目的实施，都与实施者自身、学校的教育环境等有着密不可分的关系。就拿当下比较热门的跨学科学习或 PBL（项目式教学）来说，开展这类教学要求教师对相关学科有比较深入的理解，能胜任多门学科的教学。在不少国家，义务教育阶段的教师都是全科型的教师，采用的是教师包班教学的方式，实施跨学科学习或 PBL 有天然的优势。而我们的教师全都采用分科培养的模式，学科之间的界限很清晰，要推进这类学习活动，最大的挑战就是教师自己。

汤羹类书籍：拓展认知的边界。

像那些历史类的书籍、科普类的书籍、人物传记类的书籍等，都是应该读一些的。这类书籍可以为你打开世界的维度，让你的视野更广，能更全面地看到整个世界。虽然不能直接帮你解决具体的问题，但可以在思考解决方案时提供大量的参考依据。女性经济学家琼·罗宾逊曾说过这样一句话："学习经济学不是为了获得关于经济问题的一套现成的答案。学习经济学是为了避免受到经济学家的欺骗。"这不仅仅是对经济学而言，对所有的学科都是如此。阅读的目的不是死记硬背、获得一堆现成的知识和答案，而是要帮助我们擦亮眼睛，不轻易地被繁杂的信息、各种"学说"、各类"专家"忽悠和欺骗。要通过阅读和学习，把别人的思想变成我的思想，万物齐备于我，培养自己的眼光，形成自己的世界观和方法论。

甜点类书籍：为生活和人生添加味道。

有这样一段颇具意味的对话：

你总是在学习，通过学习，最终得到了什么？

什么都没有得到。

那你为什么还要学习呢？

不过我可以告诉你我失去的东西。我失去了愤怒、纠结、狭隘、挑剔、指责、悲观和沮丧，失去了肤浅、短视，失去了一切无知、干扰和障碍……

付出了努力，就希望得到些什么，这是我们习以为常的思维方式。花大量的时间在阅读上，最终如果什么都没有得到，那不是瞎子点灯白费蜡吗？

但为什么不逆向思维呢？

那些文学类、思想类的书籍，虽然和自己的教育教学工作没有直接的关联，也没有直接提升自己的专业水平，但胸藏文墨怀若谷，腹有诗书气自华，你在阅读这些诗词歌赋、文学作品的过程中，会越来越多地感受到生活中的美感，你会穿越到一个特定的时代去体验作品所创设的生活情境，在化身为作品中的一员经历伟大事件的过程中重塑自己的性格和“三观”。这样的阅读能涵养你的气质，提升你的修养，何乐而不为呢！

垃圾食品类书籍：诸如心灵鸡汤、撩拨情绪之类的图书。

这类图书通常只会告诉你，要努力，要加油，但对于如何努力和如何加油却一笔带过，空有口号，缺乏实质性的内容，甚至还会给你灌输一些偏激的思想和狭隘的价值观，其目的就是撩拨你的情绪。这类图书接触多了，会让你变成愤青，变得无知和浅薄。所以，要尽可能地杜绝和它们打交道。

依据上述分类，教师的专业阅读应该以主食和蔬菜类的书籍为主，汤羹和甜点类的书籍为辅，垃圾食品类的书籍坚决不去碰它。

三、知识的树状结构

知道了书籍的分类，只是大致知道了要读什么类型的书。但要找到某种类型图书的扛鼎之作或者有代表性的作品，又该如何做呢？

小白精读创始人李源在《给大忙人的高效阅读课》一书中，对知识产生的基本特点进行了分析和总结，在他看来绝大部分的科学结论、定理、概念、公式、学说，都是由一个个学术圈子共同认定的。如果一个想法不被所属的学术圈认可，必将会被排除在该领域的知识体系之外。所谓的知识点，其实都是圈子里的“共识”，并不是什么颠扑不破的真理。由学术圈子所构成的整体，被称为“知识共同体”。

人类创造知识都是以这种“学术共同体”的方式进行的。那些科学家、作家、思想家们就生活在这样的“共同体”里，或对所在领域已有的知识进行深入的研究和剖析，或对该领域所面临的难题或困惑进行攻关，力图拓展知识的新视野新局面，这是他们的安身立命之本。那些对共同体所遵循的知识体系提出挑战的人，是要具备足够的勇气并甘愿付出巨大的牺牲的，布鲁诺被判为“异端”活活烧死在罗马鲜花广场就是典型的事例。

人类知识的产生具有三大特点：

首先，我们所学习的知识最初是由某人提出的（开创者），之后经过他的师门、该领域的学术共同体不断地加以丰富和完善，形成了一棵枝繁叶茂的大树。所以，我们所面对的知识大厦不是网状的，而是树状的。

其次，凝结在每一个知识点上的信息并不是这个知识点本身，而是知识树上面的人。这些人在传承和发展该知识领域中所做出的贡献，是我们在读书的时候特别要关注的，不能仅仅关注知识点本身。

再次，知识点永远都是以成群的方式出现的。因为“学术共同体”是一个圈子，其中的每一个人都会对该知识体系做出相应的贡献。该领域的开创者一定对他之前的领域有过系统的反思和批判。他会设置一些框架、提出一些畅想，会写一些导论、宣言和系统论述学科宗旨的文章。他的学生和门徒都是根据他的这些想法和畅想深入地进行研究，并不停地开枝散叶，让这棵大树繁茂起来的。

如果你想要通过阅读对某个领域有所了解，最简单的办法就是先梳理这个领域是由谁开创的，经历了怎样的发展过程，其中最核心的理论是什么。对这些有了一定的认识之后，再去选择哪些书值得阅读，就会少走很多弯路。只有从知识树衍生出来的书才值得读。那些没有根基的、特立独行的书，99%都不值得我们花费时间。

如果这个开创者自己写过多部著作，那么他的最后一部著作就非常关键，这是对他一生的研究成果的全面总结。在阅读的时候，应该先找到这部著作进行阅读，这样更容易把握他的理论核心。就像教育和心理学家杰罗姆·布鲁纳，他在20世纪60年代出版的《教育过程》，被世界各国的基础教育界奉为经典，现在很多学校的教学组织和课堂教学设计依然按照上述理论来实践。但他在 1996 年出版的《教育的文化》中就对自己此前的教育观进行了反思，重建文化主义的教育观，开启了第二次的认知革命。

在一个领域，除了开创者之外，后续跟进的两种人——分歧者和综合者也值得关注。“开创者”解决的是之前他所在的那个领域解决不了的问题，所以他要开宗立派。“分歧者”解决的是分工细化之后无法融合的问题。“综合者”解决的问题是怎样融会贯通、提出新的说法、汇总原来的思维框架无法解释的现象。如果能够将这三个方面的代表性人物梳理清楚，将他们的代表作品做仔细的研读，你对这个领域的认识就会比较全面了。

选书的过程，实际上是在选人，选择该领域的开创者、分歧者和综合者，为自己的阅读做准备。

选书也有基本的方法，李源称之为“五位一体法”。这是以作者为中心扩散开去的一种阅读方法。第一是要了解作者的背景、师承关系，知道他思想的源头在哪里。第二是作者的队友和弟子，他们共同将该领域的研究发扬光大，让知识体系更加完备。第三是该作者的对头，也就是对作者的理论提出不同观点和看法的人。从辩证的角度看问题，可以让自己不陷入盲从之中。第四是了解作者的核心论点。掌握了作者的核心论点，基本上就能对他的著作有全面的了解。第五是作者的代表作，如果不止一本，还要厘清这些代表作之间的逻辑关系。这样寻找作者的信息，确实需要花费一些时间，但这是很值得的，了解作者的思想体系，再去读相应的著作，思路就会开放很多。

四、利用知识树找书的一个案例

如果你想阅读儿童心理发展方面的著作，那么该领域的知识树是怎样的呢？

养育儿童是人类的重要职责，但我们对儿童心理知识的研究历史却很短。从大的方面看，有关儿童心理发展的研究前后经历了三次高峰。

第一次高峰是让·皮亚杰对儿童心理的研究。皮亚杰是儿童心理学、发生认识论的开创者，被誉为心理学史上除了弗洛伊德以外的另一位“巨人”，他早期关于思维的五本著作，即《儿童的语言与思维》《儿童的物理判断与推理》《儿童的世界概念》《儿童的物理因果概念》《儿童的道德判断》，基本上都是通过个案调查和测验，对儿童思维做质的分析。从 20 世纪 50 年代前后起，他以数理逻辑作为刻画儿童思维发展的工具，在儿童思维研究的领域中开辟了新的研究途径。他的《智力心理学》和《儿童心理学》是两本比较系统的研究儿童心理学的理论著作。

皮亚杰认为，认识不仅具有结构，认识的发生还是一个由低级到高级不断建构的过程。他认为儿童的认知发展由于认知结构水平的不同而表现出明显的阶段特征。第一是儿童心理发展有阶段性，主要包括感知运动、前运算、具体运算、形式运算四个阶段；第二是上述四个阶段出现的先后次序是恒定不变的；第三是一个阶段的结构是在前一个阶段的结构基础上形成的，形成的结果又为下一个阶段的结构提供条件；第四是每一个阶段都有一个准备期和完成期。

皮亚杰在其晚年提出的认知发展的新观点，被称为经典皮亚杰理论。当然，他提出的新观点在机制上的阐述不够细致，也没有进行深入的探讨和证明。从 20 世纪六七十年代开始，大量新数据和事实无法用经典皮亚杰理论解释，因此皮亚杰理论受到了很大的质疑。一些研究者试图用新的思想和观点去整合、修正或拓展经典皮亚杰理论，由此催生了儿童心理发展的第二次高峰。

第二次高峰以 20 世纪 60 年代日内瓦大学建立“心理与教育科学学院”为契机，1976 年蒙纳德发表《儿童心理学的变革》一文为标志，开始成立新皮亚杰学派，构建新皮亚杰理论。

日内瓦新皮亚杰学派恢复了日内瓦大学重视教育研究的传统，主张在儿童心理研究方面要理论研究和应用研究并重，同时研究的重点不局限于认知，而是把儿童的发展作为一个整体来看待，情绪、意志、人格等均成为研究的内容，在研究方法上试图创设几个变量相互作用的情境，强调被试在实验中的作用。1985 年发表的《皮亚杰理论的发展：新皮亚杰学派》比较系统地阐明了该学派的观点和一些研究成果。

在此期间，一些心理学家还根据当时比较流行的新的理论和思想，充实完善皮亚杰理论，逐渐形成了信息加工式的新皮亚杰理论、行为主义式的新皮亚杰理论、先天论式的新皮亚杰理论等新的分支。

第三次高峰则是源于 20 世纪 80 年代开始起步的有关儿童心理理论的研究。艾莉森·高普尼克是心理理论的创始人之一，这个团队在研究中发现儿童并不像皮亚杰理解的那样缺乏共情能力和道德意识，只拥有有限的感觉和直觉。相反，他们比成年人更善于学习，更充满创造力，在很小的时候就拥有了一些道德意识。儿童的这些能力是心理理论创建以来心理学和哲学最重要的发展之一。高普尼克是儿童学习领域里的跨国指导人，也是第一位从发展心理学的角度去讨论一些古老哲学议题的认知科学家，被称为是最懂得儿童学习的心理学家。人工智能界的泰斗级人物朱迪亚·珀尔评价高普尼克是“第一批用数学模型来解释儿童如何学习的心理学家之一。她的工作聚焦于通过研究大脑来解码儿童的心智发展”。

高普尼克和她的团队有关儿童心理方面的研究成果，有多本著作问世，其中最具代表性的有三本：《园丁与木匠》重点讨论养育儿童的环境问题，《孩子如何学习》着重分析儿童的心智在学习上具有的优势，《孩子如何思考》探讨的则是儿童心智的工作原理。这三本书在国际上获得了不少奖项，引进之后的中译本由浙江人民出版社以“天生学习家”系列出版，受到了国内读者的普遍好评。

让植物长成它自己的样子

父母所创设的生长环境对儿童的身心发展有着重要的影响。《园丁与木匠》这本书开宗明义，就父母的角色定位进行探讨。园丁的工作是让植物生长成它自己的样子，而木匠的工作是将木材加工成自己希望的样子。儿童的身心发展有着极大的可塑性，在漫长的成长过程中有着发展的多重可能性，父母或教师应该像照顾花园那样照顾儿童，努力做一个好园丁。

不同角色定位的背后，意味着养育模式之间的差异。将自己视作木匠的人，坚守的往往是教养模式，相信成人有一套技巧、一些特定的专业知识，只要学会了这些技巧和知识，就能帮助自己实现塑造儿童人生的目标。将自己视作园丁的人则比较推崇照顾模式，认为养育儿童的全部意义就是为他们提供一个丰富、稳定、安全的环境，这个环境充满变化、创新和新奇的元素，可供他们无限发展。成人并不是把儿童带到一个目的地，而是持续不断地为他们的旅程提供给养。

高普尼克认为有三种人在照顾儿童成长方面发挥着重要的作用：一是父母，父母全心全意地爱孩子、照顾孩子，是一种深刻而独特的人类关系的重要组成部分；二是祖母，祖母为孩子提供了丰富的文化信息，将孩子与两代人的经验和知识联系了起来；三是生活在儿童身边的其他人，正是相互合作照顾孩子的需求，让共同照顾孩子的人们联结在一起，彼此关心和爱护。高普尼克重点讨论了儿童学习的四种途径：看、听、玩、实习，提醒人们要成为像园丁那样的照顾者，需要对这些不同的认知路径有清晰的认识，避免将自己的主观意愿强加在儿童身上。

即使是婴儿也掌握丰富的知识

如果你对儿童的成长比较关注，必定会惊讶于他们超强的学习能力。《孩子如何学习》这本书向人们展示了科学家们在过去三十多年的时间里对儿童学习机制研究的最新成果，其中有很多出人意料的发现。

首先，婴幼儿的大脑并非像洛克所说的“白板”，而是在出生之时就预装好了各种程序，就像计算机中的程序那样，接收外界传递过来的各种信息，将其转化为各种神经脉冲和信号，并依据一定的规则，对这些信号进行转换、重组，以表情、动作与行为等方式表现出来。婴儿在出生时，这些预设的程序使得他能够辨析世界各地的语言，只不过他还在练习如何发音，无法将这些语言表达出来。随着儿童与周边环境的不断互动，本土的语言特征会得到强化，那些长期不用的先天语言程序会受到抑制或被卸载，大约 12 个月之后，儿童剩下的就只有本土语言程序了。

其次，儿童先天预装的这些程序和我们平常所用的计算机程序有很大的区别，它不是固定不变的，儿童听到的每一个声音、尝到的每一种味道、看到的每一幅画面、触摸的每一个东西……都会影响大脑神经元的连接，会让原有的程序自发地转变为一个更强大、更精确的程序，这些迭代和升级也在进一步影响着未来迭代与升级的方向。儿童超强的学习能力促进了程序的升级换代，程序的迭代式发展反过来又促进了儿童更加积极主动地学习。

再次，父母、家庭成员以及他人潜移默化的行为，都对儿童的学习产生重要的作用，并通过以下三个方面体现出来：一是模仿，通过模仿来学习是一种重要的学习方式；二是周边人很多无意进行的行为都会被儿童观察和学习，从而引发儿童自己大脑程序中表征与规则的变化；三是协同性，研究发现，他人的影响与儿童自身的学习能力似乎是协同工作的。我们和儿童在一起时会做的事情，就是我们应该做的事情。比如和儿童说话、做游戏、扮鬼脸以及关注儿童的一举一动等。我们只要花时间去做就行了。

儿童的主要任务是发展心智

即使很小的婴儿也掌握了极为丰富的知识，即使最小的婴儿似乎也能够对客观世界进行表征，这是心理理论研究最令人惊讶的发现。那么，儿童有这样的学习特点，其背后的心理机制是怎样的?《孩子如何思考》这本书尝试着给出了答案。

高普尼克认为，儿童阶段最主要的任务就是发展心智，而成年人则主要是利用已经发展成熟的心智高效地工作。人类拥有改变世界的能力，在很大程度上要归功于这种分工。

儿童发展心智最重要的任务是发现因果联系。他们不停地问为什么，或者自己找答案，正是因为他们的大脑里预装了这个重要的因果程序：一件事发生了，应该有特定的原因，或者产生相应的结果。从两三岁开始，儿童就能理解很多抽象的因果关系，比如种下种子，就可以长成植物，看不见的病毒可以让人生病，等等。

儿童对找寻因果关系有着天然的执着。在探究事物之间因果关系的过程中，经常会用到三种关键的能力：统计、实验和模仿。研究表明，9 个月大婴儿的大脑就可以统计概率，能够分辨出“宝贝”一词的特别含义。儿童常把各种玩具作为实验对象，探究事物的本质。儿童不仅会从他人身上模仿学习，还会通过他人失败的教训来学习，从而快速成长。

成人在做一件事情的时候，往往能够集中注意力，两耳不闻窗外事，儿童就很难做到这一点。容易分心当然会让儿童很难像成人一样高效地完成任务，但是分心其实也有好处，它会让儿童更善于捕捉偶然出现的信息，能够同时注意更多的事情。儿童学习的特点是学得越多越好，儿童注意力的特点使得他们充满好奇、乐于学习和富有创造性。

通过上述介绍，基本把儿童心理发展的研究历程和知识树的样貌都勾勒出来了，也了解了这一领域的开创者（皮亚杰）、分歧者（蒙纳德等人）和综合者（高普尼克等）所做的主要工作。作为一名教师，如果想了解儿童心理发展方面的最前沿的著作以便指导自己的实践，那就可以直接去阅读《园丁与木匠》《孩子如何学习》《孩子如何思考》这三本书；如果想研究儿童心理发展的主要历程，那就要把皮亚杰的两本代表作《智力心理学》和《儿童心理学》，新皮亚杰理论的代表作《皮亚杰理论的发展：新皮亚杰学派》以及高普尼克的三本书做系统的比较研究；当然也可以从其中的某个点上发散出去，去找寻今天教育教学理论的心理原点。比如说布鲁纳就是将皮亚杰的儿童心理理论实践于教育的典型代表，通过对经典皮亚杰理论以及布鲁纳的《教育过程》的衔接研究，或许可以让自己对所从事的教育教学工作产生新的认识和理解。

第四节 找书的几种路径

对于非虚构类的著作来说，利用知识树的方式来确定什么书有价值，什么书值得读，是一种非常有效的方式。它提醒教师当有了阅读意愿的时候，不要“拿到篮里就是菜”，随便找一本书就读，而是要先花一点时间，对自己将要涉猎的这个领域有一些框架式的了解，大体把握该领域发展的关键节点、其中的代表人物和代表著作。先做到心中有数，这样阅读起来才能够有的放矢，事半功倍。

对于教师来说，找寻知识树可能面临的困难有两个：一是自己对这个领域不熟悉，对知识的产生、演变等情况知之甚少，也找不到相关的介绍，很难建立起知识树；二是知识树倒是建立起来了，对其中的发展脉络也有了较为清晰的了解，但那些具有代表性的作品要么是外文的没有翻译过来，要么翻译的质量比较差，读起来一头雾水，要么翻译的水准很高，但作品的内容太过抽象，很难读明白。在这种情况下，就需要做一些变通的处理，先找寻一些该领域比较热门的、质量比较好的通俗著作开展阅读，在逐渐熟悉该领域的知识体系的基础上，逐渐向经典作品靠拢。

为此，向大家推荐几种找书的路径。

一、利用豆瓣阅读等软件或 App 查找相关的书籍

“豆瓣读书”页面的最上方有一个搜索栏，你可以直接输入书名、作者名、书号，就能找到相关书目的信息。你可以根据显示的信息，进一步查阅自己所需的图书，并点击进去查看该图书的豆瓣评分，以此确定是否属于高品质的图书。一般情况下，豆瓣评分在 8 分以上的书都是值得一读的。

这样挑选图书，可能会遇到的麻烦就是在输入相关信息后给出的搜索结果太多，如果你自己对该领域的书不是很熟悉，就需要一本本地点开来看，这样非常浪费时间，也非常消耗你的意志力。为此，你可以换一种方法，在豆瓣图书页面的右侧有“热门标签”栏，你点击“所有热门标签”，就能看到豆瓣列出的所有分类好的标签。然后点击其中的某个分类，或者直接输入关键词进行查找，进入结果页面之后根据页面上方显示的“综合排序/按出版日期排序/按评价排序”的选择键，选择按评论排序，那么排在前面的都是豆瓣评分为高分的书籍。如果你觉得通过电脑进行操作不是很方便，可以在手机上下载“豆瓣阅读”App，通过手机来选择相关的书籍。

书籍初步选好之后，不妨进一步点击到本书的介绍页面，里面有书的内容简介、作者介绍、读者撰写的书评，以及读者对书中精彩文字所做的摘抄等。通过这些内容可以帮助你进一步了解这本书写了些什么，有什么样的特点，重点解决了怎样的问题，方便你进一步做出是否阅读的决定。此外，在豆瓣的右侧一栏，还可以找到更多的信息，比如这本书的其他版本以及其他人的书单，还有其他人的在读，点进去浏览搜寻，能发现大量的好书以及其他的信息。

当你在豆瓣读书中畅游了一段时间之后，一定会发现其中的一些读者对某些领域有比较深刻的认知，在一些重要的图书的书评中都能读到他的声音。这种情况下，你别忘记进入他的豆瓣读书页面去看看，说不定在该页面的右侧就会发现这位读者有一个或者多个“豆列”，即读者个人基于某个特定主题所做的一系列图书的推荐。因为他对该领域有比较深入的了解，所推荐的图书通常质量都非常高，豆列的专题往往更加聚焦，很适合教师在一段时间内开展专业阅读时选书。

除了豆瓣之外，类似的读书平台还有很多，比如微信读书、知乎的“书籍推荐”、简书的“书单”，以及那些由读书牛人、读书俱乐部等创建的优质的读书类公众号等，都是选书的好途径，只要进入其中，了解其书籍推荐的特点和分类的基本规则就能方便地找到自己所需要的图书。

现在有不少读书的公众号和App，提供了更加多元化的图书介绍的方式，比如说讲书就是一种。讲书人自己会精心挑选那些质量高的图书，然后将其中的精华部分提炼出来，用语音快速把书中核心观点帮读者梳理一遍，如果感觉有点意思，就亲自去读，反之则弃之。这样的平台很多，比如说得到的每天听本书、喜马拉雅等平台资讯。我就曾用这样的方式选了不少的书，由专业的读书人推荐的书质量确实不错。

二、从他人的读书评论中找寻心仪的书籍

有这样一批读书人，除了自己喜欢阅读之外，还会将自己对某些作品的评述汇编成专著出版发行。读这样的一本作品，可以从中获知数十本图书的相关信息，从这中间比较容易发现自己感兴趣的图书，再通过当当、京东等图书网站直接下单购买即可。

有人说，英国的文艺界有三宝，分别是莎士比亚的戏剧、狄更斯的小说和毛姆的毒舌。人们认为，虽然毛姆在写作创意和技巧上已经达到了登峰造极的地步，但比起他的毒舌还是略逊一筹。他阅读名家的作品，极认真、极仔细，对作者心理的把握也极高明，而且他还很八卦，喜欢收集文学巨匠们的隐私，经常在读书随笔里把他们扒得连底裤都不剩。读了毛姆所著的《阅读是一座随身携带的避难所》一书，相信你会对此有所认识。

毛姆在这本书中，向读者提供了一份世界文学大师级人物的书单，其中包括塞万提斯的《堂吉诃德》，简·奥斯汀的《傲慢与偏见》以及《劝导》，蒙田的《蒙田随笔》，狄更斯的《大卫·科波菲尔》，艾米丽·勃朗特的《呼啸山庄》，司汤达的《红与黑》，巴尔扎克的《高老头》，福楼拜的《包法利夫人》，托尔斯泰的《战争与和平》，陀思妥耶夫斯基的《卡拉马佐夫兄弟》等一些享誉全球的佳作。

但这绝不是一本“名著导读”。即使是毛姆非常推崇的作品，他也不会多用溢美之词，也没有费心去讲解每部作品的内容与细节，他更多地将视角对准了作家本人，深入探讨了作家的经历对其作品演变的影响。他想通过自己的这些分析告诉读者，“一个作家能写出什么样的作品，取决于他是个什么样的人”。

毛姆在评论狄更斯的时候，说他身材矮小，偏偏相貌不凡。他衣着装扮古怪，总会不自觉地显露出岛国人的褊狭性格。狄更斯非常喜欢妻子凯特的妹妹玛丽，凯特怀孕时，他整天和玛丽待在一起。可是，玛丽却不幸因病身亡。狄更斯花了一个多月的时间才从悲痛中恢复过来。写到这里，毛姆突然话锋一转，说：“狄更斯又能去挑逗其他年轻女子了。”狄更斯下定决心要和妻子凯特分居，但又担心引起流言蜚语。在很长一段时间里，狄更斯都表现得喜怒无常，性情烦躁不堪。最终，他们还是不得不彻底分居。凯特搬去乡下的一所住宅独自居住，每年能获得600英镑的生活费。毛姆为此想不通，为何凯特同意狄更斯把她逐出家门，她明明知道狄更斯迷恋上了别的女人，有这样的把柄在手她完全可以漫天要价。毛姆还在书中揶揄狄更斯的写作技巧：只要对故事的发展有利，狄更斯就会毫不犹豫地使用巧合的桥段，从不过多考虑其中的必然性。现代小说家则不一样，为了表现事物的必然性，他们不得不把情节过程叙述得详细、逼真、可信。

对于司汤达，毛姆的毒舌本性更是显露无遗。他说司汤达说话结巴、不善交际、虚荣自负、眼高手低、沉迷肉欲、品味粗俗。说司汤达在如何赢得女人的欢心这件事上表现得很笨拙，像自己写剧本那样刻板地去向女人进攻，当她们觉得他滑稽可笑时，他又感到无比沮丧。司汤达甚至专门请教过一个同僚，并认真地记下了他的忠告。毛姆认为司汤达虽然聪明过人，却始终不知道理智的语言只会使女人退避三舍，她们需要的是有感情的语言。毛姆认为，相比关注他人，司汤达显然对自己更感兴趣，他的小说常常将自己作为主人公。《红与黑》中的于连就是司汤达一直想成为却又无法成为的那种男人。在毛姆笔下，于连是那种极令女性着迷的男人，她们一见到他就神魂颠倒，这正是司汤达自己从来不曾有过却一直想拥有的魅力。

关于巴尔扎克，毛姆认为他是一个极端自私而无德且缺乏诚实与坦率的人。巴尔扎克铺张浪费，尽管有人对此解释为他坚信自己的作品能够赚大钱。毛姆认为，巴尔扎克如果真的是一个节制、俭朴且工于心计的人，恐怕也很难成为这样一个作家。巴尔扎克只有处在债务的压力下才能专注于写作，甚至一直写到脸色发白、疲惫不堪，才能写出好的作品来，若他脱离了窘境——没有打扰他的债权人，亦看不到急着起诉他的出版商，那他的创作活力反而会降到极点，什么也写不出来了。著述丰硕是巴尔扎克一个十分重要的特点，毛姆认为，一个人除了个人生活，还得有与其他人一起的社会生活。某个人在个人的生活中或许扮演的是主角，但在与其他人相处时，他可能是重要角色，也可能是微不足道的配角。就像你去理发店理发，这也许是一件小事，却可能会是你或者理发师的人生转折点之一。巴尔扎克深刻地领悟到了这一点，并在生动而逼真地描绘万花筒般的生活、生活中的混乱、误解和造成重大后果的巧合上面极具天赋。

陀思妥耶夫斯基是一个赌徒，也是一个滥情的人。每当赌输了，他就一直沉浸在后悔中，认为自己无药可救，竟然输光了妻子和孩子急需的钱。然而，只要身上还有几个法郎，他便忍不住回到赌场去，在赌桌上把钱财尽数败光，甚至典当自己的手表。有一次赌光了，因为没钱买面包，陀思妥耶夫斯基曾一个人静坐在房间里，以此抑制食欲，并开始创作一部小说，这部忍受着饥饿的折磨和时间的催促而完成的小说就是《罪与罚》。就陀思妥耶夫斯基来说，他的急躁、自负和浮夸的性格远远超过传记作者在书中对他的描述。就是这样一个人，塑造出阿历克赛这样一个人物形象，这也许是所有小说中最迷人、优雅、善良的角色。也就是这个人，创造了佐西玛神父这样一个具有神性的角色。

在毛姆看来，巴尔扎克的文笔并不算高雅，狄更斯的英语文笔也不怎么好，托尔斯泰和陀思妥耶夫斯基写作起来也是随心所欲，语言粗糙而不讲究。

全世界范围内迄今最伟大的四位小说家的母语文笔竟然都很糟糕，这实在是叫人费解。看来，精美的文笔并非小说家必备的基本素养，充沛的精力、丰富的想象、大胆的创造、敏锐的观察及对人性的关注、认识和同情似乎比文笔更加重要。

毛姆认为，读书是一件愉悦的事情，是一种享受。如果读者不能以享受的心态去阅读，那么这样的读书是没有多大益处的。培养阅读的习惯能够为你筑造一座避难所，让你逃脱几乎人世间的所有悲哀。

《为生命而阅读》也是一本读书评论性质的作品。虽然只选择了 26 本书，但涉及的领域却非常广泛，几乎各个方面的读者都兼顾到了。有人们在童年时代就开始阅读的《精灵小鼠弟》《小王子》《婴儿说“还要，还要，还要”》，有世界名著《奥德赛》《大卫·科波菲尔》，有探讨生活意义的林语堂的《生活的艺术》和村上春树的《当我谈跑步时我谈些什么》以及《一个小赢家的墓志铭》《在自己房间里的旅行》《活着做什么》《死亡并不光荣》，有探讨具体的生活品质如信任、拒绝、怨恨、妒忌、安全感等的《火车上的女孩》《小生活》《一只鸟又一只鸟》《蝴蝶梦》《在德黑兰读“洛丽塔”》，有探讨同性恋问题的《乔凡尼的房间》，有讨论教育问题的《奇迹》，有关于人的思维品质的《横向思维》，有关于思考人生价值的《大海的礼物》《箭术与禅心》和事关人生选择和抉择的《录事巴托比》，有关于日常生活的《乡村风味菜肴烹饪法》，有讨论艾滋病的《身体的礼物》，有讨论限制与自由的《1984》，有描述大迁徙时代人们不断行走的《所罗门之歌》。这些作品涉猎的领域很广泛，从儿童作品到餐饮食谱，从社会问题到哲学思考，几乎每一个读者都能从中找到共鸣点。

《为生命而阅读》的作者威尔·施瓦尔贝出生于 20 世纪 60 年代。在他年幼的时候，母亲就开始给他读书，一直读到了他能自己读的时候还是喜欢读给他听。这使他养成了阅读的好习惯，在年轻的时候看的那些书让他透过别人的眼睛看到了不同的生命形态。施瓦尔贝既是资深编辑，又是畅销书作家，现就职于麦克米伦出版社，曾与自己的朋友大卫·希普利合写过《发邮件：为什么人们在电子邮件方面表现如此糟糕，怎样才能让收发邮件更有效率》一书。当他的事业达到高峰时，却得知母亲癌症晚期。在陪伴母亲最后的时光中，他和母亲阅读相同的书，彼此分享各自对人生的态度和观点，并将这些分享整理出来出版了《生命最后的读书会》，这是他的第二本书，也是被我国读者广为推崇的一本书。《为生命而阅读》是他的第三本书，在这本书中，他把阅读的地位提高到了为了生命、为了生活的高度。他认为，阅读能够帮助我们回答人生终极之问，理解生命的本质和意义在哪里，通过阅读放松疲惫的躯壳、安放迷茫的灵魂。他相信“我们需要知道的所有东西都在书里，人们总是向某类书籍寻求指导人生的智慧”，认为阅读可以帮助我们解决现实中的各种难题，让我们暂时脱离眼前的苟且，眺望诗与远方。

我从 2006 年开始坚持每周读一本书并写出一篇读后感，至今已经坚持了 16 年。2015 年的时候，我从读过的 500 多本图书中精心挑选了 50 本图书的书评，汇集成了《读书是教师最好的修行》一书，受到了全国各地广大教师的欢迎，先后有 15 万教师读过本书第一版。2021 年，我又根据当前教育改革的形势以及教师读书的需求，重新编辑出版了《读书是教师最好的修行》（修订本）以及《读书是教师最好的修行 2：终身学习、终身成长》两本书，向大家重点推介我读过的 100 本书，另外提供了 134 本相关专题的图书的链接。希望这两本著作能为新时代教师的阅读提供一些助力。

三、借助专业的图书榜找寻书籍

由专业的机构或者专家给出的图书排行榜，对教师缩小找书范围、聚焦优质图书有很好的帮助，是教师在找书的过程中不可遗漏的重要途径之一。

《中国教育报》每年都会组织专家进行“教师喜爱的 100 本书”的评选，中国教育新闻网每年也会举办“影响教师的 100 本书”的评选，这两个榜单选取的都是当年或者前一个年度与教育教学相关的优质图书，非常适合教师选择和阅读。如果将每年公布的榜单逐年收集起来，就是一个非常珍贵的教育类图书推荐库。我每年都非常关注这两个榜单，还会将自己的阅读和榜单中的书目加以比对，从中进一步认识自己的阅读趣向，这也是很有意思的事情。

除了上述两家主流媒体之外，有不少的媒体、出版社、书店和销售图书的网站，都会定期发布热门图书，有周榜单、月度榜单、季度榜单，也有年度榜单。这些榜单有的虽然并不直接指向教育，但从教师专业阅读的角度来看，其中也有不少图书是拓展教师视野的好书，只要留心去研究，就能在这些榜单中淘出宝贝来。

还有一类榜单是由专业人士提供的。他们往往在某个领域有自己的专长，同时特别重视阅读的推广，往往会通过出版书籍、微信公众号等多元化的方式向潜在的读者推荐读书的榜单。

何帆是一位经济学者，也是一位阅读推动者。他在从事教学、研究工作的同时，非常重视阅读，不仅自己每年的阅读量惊人，App 上还有“何帆的读书俱乐部”，每周都会根据一个主题向用户推荐书单，然后对里面的书籍进行讲解，带着用户们领略不同的风景。《猜测和偏见：何帆阅读笔记》就是他阅读推广工作的系列副产品之一。

这本书由四个板块构成。第一板块主要讨论政治，其中重点分享了美国的诞生、美国独立战争、制度的演进、地缘政治等内容；第二板块主要讨论历史，包括罗马帝国的兴起和覆灭、第二次世界大战、中英两国的茶贸易等；第三板块主要讨论经济，涉及银行体系的建立与运作、长途贸易的兴起、金融危机等大家关心的话题；第四板块主要讨论技术和文艺，包括有关鸟人的科学幻想、日本和美国漫画的比较、对《论语》的研读等。这些话题看起来比较繁杂，似乎缺少系统性，但从深层次的角度看，作者还是有自己的思考的。作者认为，一个人如果要了解当下这个时代，就必须要回顾过去；要理解时代，还需要潜入深处去认识政治和经济；要理解时代，最好再保留一点点对道德的信仰和温情。我们唯一可以确定的就是未来是不可预知的，我们唯一能够做好的就是在台风中找到自己的台风眼。

在《猜测和偏见：何帆阅读笔记》一书中，何帆向大家推荐了总量为200本的书单。他将这200本书分为八类，分别是：一、历史；二、政治学、社会学、宏观经济学；三、微观经济学、博弈论；四、脑神经科学、遗传学、进化生物学、心理学、行为经济学；五、科技创新、工程学；六、逻辑学、统计学、数学、物理学、复杂科学、科学哲学；七、哲学；八、文学。其中，相当一部分书在豆瓣图书中都有很高的分值，也备受读者的欢迎。虽然其中的一些书籍读起来可能会有些困难，但作为参考书目，对建构自身的知识体系，对自身精神底蕴的丰富还是很有帮助的。

需要注意的是，不要总是将希望寄托在他人的身上，希望别人能够提供一个书单，自己按图索骥就能提升自己；希望某一本书就是一个百宝箱，里面藏着各式各样问题的答案，只要打开翻阅，所有问题就能迎刃而解；希望某一位作者能够介绍一两种阅读的技巧，以便可以借此而包打天下，用最短的时间来把握书本的精髓。

《为生命而阅读》的作者威尔·施瓦尔贝最初就是这样想的，并为此花费了大量的时间去寻找对自己有帮助的图书，直到他读了奥根·赫立格尔的《箭术与禅心》才恍然大悟，原来读书是一门需要一辈子去练习的艺术，而且关于这门艺术只有一种练习方式——读。读得越多，也就读得越好。通常情况下，人们总是会在那些没有刻意寻找的时刻偶遇一本改变自己人生的书。

四、顺着出版社的线索去找书

各种各样的书籍都是由出版社出版的，不管你是否注意到这个问题，只要你开始阅读，必然就会和出版社建立起千丝万缕的关系。如果你是个有心人，在阅读的过程中把那些你自己感觉有价值的书和对应的出版社之间建立起一种关联就会发现，大多数适合教师阅读的好书，都是由为数不多的几家出版社编辑出版的。

我在第一辑中提到过，高品质的出版社在选择出版书目方面有自己独到的眼光。他们善于发现优秀的作者，也明白读者需要什么，更善于在作者和读者之间架设一座桥梁；这些出版社往往还有比较优秀的翻译队伍，他们不仅能够引进国外高水平的图书，也能够找到最适合的翻译者，通过翻译让原本优秀的图书熠熠生辉，读者阅读这些作品仿佛就在和相距千山万水的国外作者隔空对话，那种心领神会的感觉着实令人向往。

顺着出版社的线索去选书，也有不同的方向。一是出版社精心编辑出版的系列丛书，像上海译文出版社的“世界名著系列”，机械工业出版社的“华章图书”，江西人民出版社的“后浪小学堂”，北京大学出版社的“心理学的邀请”“健康的邀请”“社会学的邀请”等外版系列图书，等等。二是出版社的优秀编辑推荐的图书。现在有不少出版社的优秀编辑在勤勤恳恳地编辑出版相关图书的同时，还会通过微信公众号等社交平台，向大家讲述“编辑部的故事”，以及相关图书的特点。好编辑就像是好星探，他总能发现好的图书选题以及优秀的图书素材，并在自己的努力之下让其绽放光彩。跟着优秀的编辑找自己喜欢的专业阅读类书籍，肯定没有错。三是优秀出版人撰写的与阅读有关的文章和书籍。有些很好的出版人，他们不仅出版了很多好书，自己更是酷爱读书，还写了不少与读书、出版相关的文章或图书，从这些作品之中去找书也是不错的选择。比如我国著名的出版人、作家聂震宁先生就出版有《阅读力》《阅读的艺术》等多部与阅读相关的著作，他对阅读有着非常深刻的认知，对推进全民阅读更是情有独钟。他不仅在这些书中介绍了大量优秀的图书，还提醒人们个体在阅读中的努力固然重要，阅读学的系统课程学习，家庭、学校所创设的浓郁的阅读氛围同样关键，这欠缺的环节只有及时补上，全民阅读才能够真正落到实处。聂震宁先生所说的问题，直指当下阅读的软肋。

唐诺，本名谢材俊，曾任台湾脸谱出版社总编辑，现为自由读书人。《阅读的故事》是他为自己前半生的阅读所写的总结，几乎涉及阅读的每个方面，以及身处读书人和出版人之间的微妙心态。在本书的篇章布局中，唐诺用加西亚·马尔克斯的小说《迷宫中的将军》来做全书的线索，每一章开头均引用一段书中的文字，通过作者的叙述，小说中的故事与本章的阅读主题达到有机的融合，完全没有突兀之感，让人佩服作者文笔的精妙。

书读完了，脑子却空空如也，似乎什么都没有记住，很多人为此感到很受挫。唐诺的记忆方法有点像旅行，他说要记住那些风景的方法不是去拍照，而是不断地观察它，所以他非常强调重读。在读唐诺的《阅读的故事》一书时就会发现，他引用了很多名家的观点，但并不是旁征博引，而是聚焦在马尔克斯、博尔赫斯、卡尔维诺、本雅明、艾柯、纳博科夫、昆德拉、曼古埃尔等几位名家的作品中，或许就与他反复阅读他们的作品有关。你看，读这些著名出版人的作品，可获得的感悟和启示是多方面的。

选书找书的路径其实还有很多，限于篇幅就不再一一介绍了。只要喜爱阅读，就能在阅读中摸索到最适合自己的选书途径。

第五节 电子书刊还是纸质书刊？

在找寻图书的过程中，还有一个选择题也是大家经常要做的：是选择电子书刊，享受它的便捷，还是选择纸质书刊，一边品味墨香一边啃读呢?

从给读者推送信息内容的角度看，将相关的作品以纸质的方式呈现或以数字的方式在屏幕上呈现，本身并没有本质的区别，但以不同的方式呈现，其优点和缺点各不相同，需要根据实际的情况加以取舍。

纸质书刊的优点是具有质感，可以在获取知识的同时享受书香气息；契合人们一代代传承下来的阅读习惯，捧着一本书在手，自然就会营造一个相对安静的阅读环境，可以让人静下心来，加深对作品的理解，有利于书卷气质的养成；大多数的纸质书刊的材质都比较舒适，在灯光漫反射作用下更有利于缓解视觉疲劳；在做笔记方面，纸质书可以直接在书上书写，想到什么就写什么，比较有仪式感；具有收藏和长期保存的价值。当然，纸质书刊的缺点也是不可否认的，比如说呈现方式比较单调，只能给读者提供静态的阅读体验；在一本书刊中找到所需要的页面或者内容不是很方便，检索起来比较困难；价格偏贵，而且有越来越贵的趋势；比较重，携带不方便……

电子书刊的优点是内容的呈现方式相对多元，文字、图片、声音、影像等的综合运用可以给读者提供动态的阅读体验；携带方便，只要在手机上安装好相关的阅读软件，一机在手，就能拥有数不尽的书刊资源，不会增加读者的负重与负担；阅读软件有许多人性化设计，比如调字体大小和颜色、滚动阅读模式、夜间阅读、语音朗读等，能给读者创设更丰富的阅读环境；价格亲民，可以用很低廉的价格购买到高品质的书刊，有很多甚至可以免费阅读；阅读可以采取在线阅读或离线阅读两种模式，如果先将相关内容下载到手机上，就可以随时随地阅读，不受网络的限制。当然，其缺点也是不能忽视的，比如说长期注视屏幕眼睛容易疲劳；需要依赖智能设备，书刊的独立性不存在了；电子书刊的排版不如纸质书刊严谨，常常会导致阅读不畅……

除了上述区别之外，电子书刊还具有一个显著的特点，就是碎片化。

一、电子书刊的碎片化

碎片化有几个表现，一是信息编码通过“0”和“1”的字符串，将物理世界中原本连续的信息变成了跳跃的、不连续的信息。二是人们获取信息的方式从单一的媒介变成多种碎片化的媒介，比如电视剧、网络小说、微博、微信公众号、报纸等。人们经常同时从多元的渠道获得有关事物的零碎信息，然后拼凑成一段属于自己的知识。三是人本身也被碎片成多处和多面，在不同的时空中呈现出不同的特征，尽管人的思维依然保持着线性逻辑的特点。

碎片化带来很多挑战。一是信息量的激增。以指数函数级不断增加的信息让人目不暇接，现在一天所产生的信息总量，一个人用一辈子来学习都学不完。二是知识表象化。各种信息通过碎片化的方式连绵不断地刺激着人们的大脑，让人始终处于有新发现的喜悦之中。但这些信息往往只告诉表象的东西，却不告诉其背后的原理，以及事物之间的相互联系。三是让人失去耐心。一个信息如果过长，人们就不会耐心地阅读，受到大家喜欢的反倒不是文字，而是那些图文并茂、以图为主的短文，我们正在重新回到读图时代。四是降低人们的注意力。太过频繁地在碎片化信息之间转换，就无法做到专注。工作中也是如此，做一件事情没几分钟，就会被电话、微信等信息打断，而要让注意力再回到原来的任务上需要花很长一段时间。五是多任务并行。在学习的同时听音乐、读邮件、看微信，已经成为一些人的常态，好像自己可以同时开展多项任务的工作似的。但其实人脑并不能真正地同时处理多项任务，它只是在不同的任务间来回切换。

太多的碎片化信息使得人们无法专注于一件事物，总是不断地在各种信息之间转换和跳跃；一个人同时要处理多件事情，以至每一件事情都无法沉浸其中。也因为如此，有不少人呼吁要抵制碎片化对我们生活和学习的侵蚀，要在信息时代继续保持静心阅读纸质书刊的良好传统。

这让我想起了古希腊时期著名的学者苏格拉底。在没有文字和书籍的时代，人们主要是通过交流、记忆来保存思想并传承文化的，记忆能力、口头表达能力是衡量一个人学识水平很重要的标志。随着文字的发明和书籍的诞生，文本阅读逐渐流行起来，这让苏格拉底感到非常不安，并提出了自己的质疑。他认为如果不加控制地发展文字阅读，会对希腊人的记忆以及知识的内化吸收造成毁灭性的影响。所以他激烈地反对文字阅读，认为读写能力的提升、书籍的普及，会降低个人记忆能力。

今天人们在图书选择方面所遇到的情况与当时是多么的类似啊！很多人不喜欢“碎片化”，却不知道自己就生活在碎片化的世界里；有的人担心数字阅读会让人变得更加肤浅，但一会儿不看看手机里的信息，心里总觉得缺少了些什么。以碎片化生存为特征的互联网时代不可逆转，不论我们怎么抵制，也终究要在这样的环境中生活。

在已经被互联网时代裹挟着前行、没有退路的情况下，与其拒绝碎片化，还不如认真研究它，积极利用碎片化的特点，探索新时代的生存方式。一是增强信息选择和甄别的能力，提升文化判断力。碎片化信息来源广泛，内容和形式丰富多彩，但其中也不乏一些低俗化甚至与我们的价值观相悖的内容，这对人的文化选择和判断能力都提出了新的要求。二是充分利用碎片化信息的特点，引导人们关注信息背后的联系和结构，加强信息之间的关联性。碎片化的信息点多量广、信息的表达方式图文并茂，这自然造成人们阅读速度的加快、信息变换的频繁，从而导致思维的深度不够、浅阅读泛滥。但反过来看，如果我们能多关注信息背后之间的联系和结构，就可以在探究信息之间关联性的同时，促进高层次思维的形成。三是找寻适合在数字化的背景下深度阅读的内容和素材，用好的内容去抢占数字媒体的市场和阅读空间，而不是放任低俗化、娱乐化的内容泛滥成灾。四是探索碎片化背景下以形象的图表为特征的新媒体的呈现方式，加大脑科学的研究特别是对右脑功能的开发，为人们在新媒体背景下良好阅读习惯的培养探路。

对上述这些方面的探索和实践，或许可以帮助我们找到在碎片化生存的状况下阅读和学习的新路径。

二、电子书刊日渐繁荣

电子书刊是伴随着互联网的诞生而同步发展起来的，并随着便携式智能设备以及微博、微信公众号的兴起而逐渐兴旺起来的。近些年来，已经有越来越多的报纸杂志逐渐放弃纸质出版物，专注于电子书刊的出版发行工作，电子书刊作为新型的内容承载和传播的手段，已经越来越受到读者的欢迎，数字阅读正成为阅读的常态。我自己最近几年的阅读选择，也逐渐从原来的纸质图书的阅读转向纸质图书和电子图书相结合的阅读方式，仅在“微信读书”这个阅读平台上就完成了100多本图书的阅读，还增添了一些新款的智能设备，为更方便地开展电子书刊的阅读奠定基础。

简单地说，所谓数字阅读指的就是阅读的数字化，主要体现在三个方面：一是阅读内容的数字化，阅读的文本是以数字化的方式呈现出来的，除了电子书刊之外，网络信息、数码照片、电子地图等，也都呈现出数字化的内容特征；二是阅读载体的数字化，阅读载体不再是传统的纸张，而是带着显示屏的各种智能设备；三是阅读方式的数字化，从静态阅读转向动态阅读，从仅仅通过看的方式来阅读，转向多种感官并用的方式进行阅读。

电子书刊所催生的数字阅读具有非常明显的优势。一是随时随地，其便捷性远远超过纸质书刊。二是形式多样，除了传统的文本呈现方式之外，电子书刊还可以通过图像、声音、动画等多媒体手段呈现书刊的相关信息，调动读者的各种感官来感知信息、理解信息。在互联网的环境下，数字阅读可以通过多样化的方式实现读者和作者的互动、读者之间的相互交流、读者和文本所关联的其他信息的连接，这对读者多方位地了解作品也是大有裨益的。三是价格低廉，非常亲民，更容易被大众接受。上述三个方面的因素，促进了电子书刊以及数字阅读的蓬勃发展。

随着5G技术的加持，电子书刊正在开创一个新的时代，将从平面阅读转向立体阅读，从传统的文本阅读转向沉浸式的阅读。只要点击一下手机上的对话框，你所阅读的一本小说中的人物将会身着古装从古色古香的场景中向你走来，并开始和你对话。伴随着镜头、特效、配音等与阅读过程的融合，读者不但可以在和小说人物的互动中读完整本书，还能根据自己的选择解锁更多小说的结局。

超高网速、超低时延、超大连接的5G特性，对丰富阅读体验影响极大，高清视频、图片和虚拟现实与阅读的联结，使得越来越多的“富媒体”阅读成为现实。原来的阅读App、微信公众号阅读平台也将逐渐转型，线上线下会不断融合，最终形成一站式的知识文化服务的云平台；读者、书店、出版社的连接会更加紧密，构筑出新的出版业生态。

《2020年度中国数字阅读报告》显示，2020年电子阅读月付费金额百元以上的用户占比超过25%。付费用户普遍愿意为高质量内容买单，付费意愿高达86.3%。从读书分享到知识付费，数字阅读正在打造5G时代的“知识进化论”。

三、走向同生共进的新时代

目前，电子图书的内容主要还是以网络文学作品为主、出版物为辅。网络文学作品占数字阅读作品比重约80%，出版物数字化作品仅占20%左右。但从未来的发展趋势看，出版物数字化的比重将会随着数字化进程的加快而逐年提升。

喜欢数字阅读的人们一定都知道 Kindle。亚马逊在推出 Kindle 四年之后的 2011 年，宣布自己美国网站上的电子书销量全面超越了纸质书。这预示着电子书刊走上了黄金时代，当时就有很多书展、有关阅读的论坛都在讨论“纸质图书终结”这样一个话题。现在十多年过去了，电子图书确实正走向日益繁荣的新时代，但纸质图书也并没有像想象中的那样日渐式微，纸质图书的出版依然繁荣昌盛，纸质图书和电子图书之间正在形成共生共进的新景况。人们在纸质图书的阅读中发现新的问题，可以通过便携的手机直接进行数字查询，很多疑惑迎刃而解；人们在电子书刊的阅读中发现了有价值的图书，也会在网上下单，将纸质图书购买回来仔细研读。

不论是阅读一本纸质图书还是电子图书，都是一件耗时费神的事。无论书的形式发生怎样的变化，时间的投入都是必不可少的。所以只要是优质的图书，不管是电子图书还是纸质图书，只管读下去就行了，没有必要在这方面过多纠结。

第三辑

读你千遍不厌倦

文字的发明只有五千多年的历史。这个时间和人类的演化史相比显然太短，人类对文字的理解和认识还来不及通过基因内化为遗传因子的基本组成部分。所以识别文字、学会阅读是人类出生后需要不断演练的一种技能，如果不掌握一定的阅读方法和技巧，就很难养成阅读的习惯，很难让阅读成为生活的方式。

毛泽东说：“我们不但要提出任务，而且要解决完成任务的方法问题。我们的任务是过河，但是没有桥或没有船就不能过。不解决桥或船的问题，过河就是一句空话。不解决方法问题，任务也只是瞎说一顿。”阅读也是如此，有了“船和桥”，才能读你千遍不厌倦，才能将阅读进行到底。

第一节 人是如何阅读的？

阅读，对现代人来说，是再普通不过的一件事情，但如果深入探究下去，又会发现这是件非常奇特的事情。

人类的演化有悠久的历史，但文字的发明到今天不过五千余年，用“弹指一挥间”来形容是再恰当不过了。从遗传的角度看，在这样短暂的时间里人的大脑根本不可能产生巨变，专门为此而增设一块新的区域，用来解读所看到的文字，理解其意义，并通过多样化的方式表达出来。

那么，我们的大脑究竟做了些什么，能非常精细地识别这些文字，进行常态化的阅读呢？

一、文字的发明

法国解剖学斯坦尼斯拉斯·迪昂在《脑与阅读》一书中提出了一个非常重要的观点，在进化的过程中，脑并没有改变原有的结构以适应文字加工的需要，相反恰恰是文字通过不断的发展变化，逐渐适应了脑的加工要求。

人类在漫长的生活和生产实践中，对自然界有着非常深刻的洞察。不同物体的基本轮廓，作为一种基本的图景，在人们的脑中形成并留下了恒常性印迹，以至不论是一个小的椅子或者一个很大的太师椅，人们都能确认这是椅子，不会和其他事物相矛盾。事物的恒常性具有非常重要的意义，它是我们区分不同的事物，对自然界进行描述并和不同的人群进行沟通、交流的基础，那些相互接触的、相互叠加的、相互遮掩的物体，所形成的轮廓也具有恒常性，你随意看看周围的事物，看看它们相接触部分的轮廓，是否都是由一、丨、⊤、十等各种基本的形状所组成？人脑在处理事物的时候，有一个基本的特点，就是设法将复杂的事物简单化，只要把握了那些简单的形状，加以不同的组合就能解释种类繁多的复杂世界了。

文字的出现和演变与此是有很大关联的。最初的人们就是选择那些周围环境中经常出现的形状来表示文字，因为大脑中就有这样的形象，所以这些文字才更易于被人脑加工。仔细查看英文中的 T、L、X、F 等字母和汉字的那些基本笔画，就可以理解这一点。不管什么国家的文字，最初都是经由这样的路线慢慢演变过来的。换句话说，文字的发明绝不是文化随心所欲的选择，大脑自身不能识别的那些图形要想对其加工是非常困难的，换句话说，人脑只能加工有限的文字形状。

当人类在阅读时，人脑将识别形状的功能进行了少量的调整，来适应识别特定文字的活动。从这个角度看，人脑是一种能够局部转变用途的精巧装置。阅读则是充分利用了人脑视觉区域的局部功能，形成了专门用于阅读的神经回路，在特定的脑区进行视觉单词的识别活动。

神经元编码图形的基本方式就是将其不断地精简，只保留最为本质的部分。文字的演变也是如此。汉字从甲骨文开始到现在的变化，一个基本的趋势就是不断简化，最终用大家都认可的汉字的基本笔画来组成各不相同的文字。英语比意大利语要难学，主要原因就是英语的拼写系统比意大利语复杂。具体的表现就是意大利人学习阅读比较方便，意大利儿童的阅读能力比英语国家的儿童高出好几年的水平。公元 1066 年，法国从诺曼底出兵进攻英国，并在黑斯廷斯战役中取得了胜利，进而统治了英国。这场战争所带来的法语与英语的混合，是英语让很多人感到头痛、文字的拼写系统复杂的罪魁祸首。

二、推动阅读的两个引擎

推动人们阅读的引擎有两个，即大脑和眼睛。

大脑天生可以学习语言，这是由智力的遗传特征所决定的。据科学家综合评估，遗传对智力的影响占50%至60%，孩子的语言能力就源自父母。至于孩子的语言能力究竟是源自父亲还是母亲，这一争论已持续多年，两种观点针锋相对，势均力敌。虽然大脑天生可以学习语言，但不能学习阅读，阅读需要后天习得。学校教育有一整套培养学生学习阅读的办法：首先学习怎样解码笔画，随后是单字，然后是词汇，直到阅读行为变得自发或程序化。学生在学校里习得的阅读方法，将成为他一生开展阅读活动的基础。

人体是一个非常复杂的生命体，组成该生命体的每一个器官都有独特的功能和作用，并且相互之间协同合作，以确保生命体的正常运转。人的眼睛在其中所扮演的具体角色就是探测周围环境中运动的物体。

静止不动的物体，比如说一棵树、一座山丘等，对人的威胁通常比较小，人眼平时不会将注意力放在其上。反倒是那些运动的物体，不管是躲在灌木丛中蠢蠢欲动的老虎，还是从你身边飞驰而过的宝马车，往往都有潜在的危险。所以为了尽早发现危险，及时做出反应，人的视线必须在最短的时间里从一点跳到另一点。这是我们的生存本能所决定的，也是在漫长的演化过程中所形成的。

眼睛对运动物体的工作机理是：在运动中视线捕获、定格聚焦、生成图像、做出判断、形成决策。在阅读的时候，眼睛依然是按照这样的工作机制运作的。读书过程中所谓的“聚精会神”“全神贯注”对眼睛来说其实是不准确的，很多人认为的阅读过程中眼睛的视线一直是平滑移动的观点也是错误的。

眼睛比较擅长捕获运动的物体，不擅长对静止的物体进行捕获，这样的一种工作机制给阅读带来了不小的麻烦。书本上的文字都是静止的，在阅读的时候我们常常要求阅读者正襟危坐，保持安静的状态，试图让视线和注意力都聚焦在书本上。可是只要周围出现运动的物体，眼睛就会优先关注它们，而将文字置于次要地位。我们常听到关于名人在繁华的闹市培养自己读书习惯的故事，那需要多大的毅力啊！

很多人在读书的时候喜欢用手指着所读的内容，随着文字不断滑动，这其实是一个很好的辅助阅读的方法，就是通过运动的物体让眼睛更容易聚焦在文字上。

你在报纸、杂志上看到了一篇文章，觉得写得不错，想把它收藏起来，一个直接的办法就是用手机拍照，对准所需要的部分“咔嚓”一声，一切就完成了。

但眼睛阅读与相机拍照就完全不同。人眼的一个先天缺陷就是只有中间的一块区域聚集了高分辨率的视觉细胞，能看清文字。如果是一行英文字母，我们一眼望过去，最多也就能同时看到某一字母左侧的3—4个、右边的7—8个字母，其他的都是模糊的。阅读的时候，我们的目光必须不断地移动。所以我们的眼睛其实不是一台高清照相机，可以看到全局，更像是一把机关枪扫射一般把“子弹”一颗一颗打出去，到达纸面上的某处，该处的文字信息就会被采集到。

阅读的时候我们最希望达到的状态是“全神贯注”，但我们的眼睛却很调皮。用眼睛扫描书页时，其动作并不是连续、系统的。一个世纪以前，法国的眼科医生埃米尔·雅瓦尔就发现，人在观察事物的时候眼睛一直是在跳动的。要想看清一个物体，眼球必须停止跳动，把视线停留在某一点上，才能像照相机一样调整焦距，生成清晰的图像。人们在阅读文字时眼球跳动的模式是这样的：视线的焦点首先落在第一个字上，眼球停止运动、对焦、读取信息，然后再跳到下一个字，重新对焦、读取信息，以此类推。只有当眼睛定位，也就是视线稳定时大脑才会识别单词。科学研究表明，眼球对焦一次的时间大概是1/4秒，从一个焦点跳到另一个焦点却只需千分之几秒，完全可以忽略不计。所以，阅读每个汉字所需的时间就约等于1/4秒。正常人逐字逐句读文章的速度在每分钟250字左右，其原理就在于此。

阅读的过程至少需要两个阶段：“看到”文字，并根据自己已有的知识来“考量”它。从我们看到一个字母、一段文字开始，到我们理解其含义，这中间有视觉的贡献，更涉及推论、判断、记忆、认知、知识、经验、练习等多种过程，而且这些过程都是在瞬间同步进行的。执行阅读动作的要素让阅读增添了惊人的复杂性，若要成功完成非有上百种不同技巧的配合不可。

三、阅读是信息解码的过程

人脑的左半球底侧有一个非常重要的区域，解剖学家称其为左侧枕颞区，又叫视觉词形区。这个区域形成的初期是用来识别自然图像的，而不是文字的形状。但在文字出现之后，这里成了专门负责阅读的区域，在字母与单词形状的视觉分析中起到重要作用，它们识别文字之后将信息传递给脑中其他掌管语言的区域。为了简单起见，又称其为“文字盒子区”。似乎只有通过它，所有的视觉信息才能流动起来，然后分散到大脑左半球中各种不同的区域中去。

最值得关注的是，每一个人脑中的这个“文字盒子区”的部位都是相同的，不管你是男人还是女人，不管你是学富五车的高才生，还是仅掌握最基本的阅读技能的人。不同国家和语系的人，人脑中“文字盒子区”的位置也是基本一致的，中文阅读者与英语阅读者所处地理位置相差那么远，但两者与文字识别相关的脑活动的位置却仅相差几毫米，这真的是一件神奇的事情。阅读似乎是一个受到极大约束的加工过程，总是有系统地将信息传递到脑中一个相同的热点区域，由该区域负责处理输入的文字信息对字符串进行快速识别，以使信息向更高级区域传递以便计算发音和词义。这样的事实告诉我们，虽然表面上的形式千差万别，但所有文化中的书面文字都是由非常相似的脑回路来进行加工的。

迪昂在《脑与阅读》一书中告诉我们，人在阅读文字的时候，最初看到的只是图片。眼睛接收到的信号不是一个一个的字，而是一个一个的画面。在最初的 0.1 秒的时间里，在大脑看来一个汉字和一张人脸是没有区别的，都是画面。要再过 0.07 秒左右，这些信息被传送到位于左半球的“文字盒子区”，这是大脑皮层最后一个专门进行视觉单词识别的区域，是类似于芯片的图像识别区域。也就是在这里，视觉画面被转化成大脑各部分的神经元可以处理的信息，再被推送到大脑的其他部位。再经过 0.08 秒左右，这些信号会引发脑活动的大规模爆发，广泛地传播到颞叶的大部分区域，并引发两个脑半球的颞叶上、中、下部的活动。

如果我们把“文字盒子区”看作一个芯片，阅读中的一些问题就可以很好理解了。芯片在运行的时候，需要兼顾速度和带宽的问题。要想提升阅读速度，就必须降低解码的难度。从阅读的角度来说，越是熟悉的概念芯片解码的难度就越低。有些作者不注意这一点，写文章的时候总是喜欢用小众的、特别专业的语言来表达自己的观点，自然就会让文章晦涩难懂，给大脑的文字解码带来很多困难。聪明的作者，即便是撰写很有深度的文章也善于从读者的角度思考，用读者便于理解的语言和文字来表达自己的观点。

人们识别文字，大体上要经历这样的过程：

第一步，用图像的方式来构筑字母或者文字，将其看作一个新构建出来的图像。很多幼儿跟着家长读绘本，读了几次之后，会用手指着其中的文字，“一字不差”地将故事复述出来，让父母惊奇不已，这并不是孩子认识了这些字，而是孩子将这些“字”构成了一幅幅图像，大脑记住了这些图像而已。识别和构建图像的本领是孩子与生俱来的。

第二步，逐渐理解笔画，将其看作组成文字的最小单位。这是一个思维的跨越和提升，人不再从图像组合的角度来构建文字，而是从每个笔画开始学习书面文字。在这个过程中，人们也会逐渐认识到，字母、一个个的汉字等可以作为识别文字的最小单位。

第三步，和汉字、单词的发音建立起关联。英语中那些较长的单词，我们先得分辨出其中的各个音节，依次读出，才能最终理解整个单词。而同一个汉字，可能会有不同的发音，需要在具体的语境中加以揣摩。

第四步，开始逐字阅读，走上阅读的道路。为了读准每个字，小学老师在教孩子阅读的时候，强调得比较多的就是逐字阅读，人们因此养成了逐字阅读的习惯，尽管很多时候并没有读出声来，但即便是默读也是一字一句，有板有眼。很多人一辈子的阅读都是逐字逐句进行的。

四、阅读是视觉和听觉互动的过程

当我们在阅读的时候，同时会启动两条信息加工的通道。一条是“视觉通道”，对于那些常见的文字，大脑会先识别文字并提取其意义，然后再利用词义信息去提取它的发音；另一条是“语音通道”，对于那些第一次见到的、不是很常见的文字，我们的大脑倾向于先将其解码，然后将其转化为语音，再尝试提取这种发音模式的意义。阅读的时候，两条通道总是处于合作之中，每一条通道都对文字的准确识别和发音起到作用。如果只有一条通道，人就无法读出所有的文字。事实上，这样的双通道模型可能还是低估了阅读时神经系统的复杂程度，大脑在阅读时或许还有更多的通道同时参与，并且采取多路并行的方式同步运作。比如说，数字的阅读就可能依赖另一条自动通道，与阅读文字和词组所用的通道不完全相同。

科学家还发现，一个字进入人的大脑，跟一个字符敲进电脑，是完全不一样的。一个字符进入电脑，只会调动电脑里的一个特定位置。但是一个字进入人脑，在0.3秒以后，大脑的各个区域都被调动起来。大脑要全体出动，才能提取出一个字的意义。

这个场景，用一个比方来说就是“精灵集会”。就像是人的大脑里面，一群精灵坐在一个大会场里。舞台上每出现一个字，所有的精灵都紧张地盯着它看。比如当“甲方”的“甲”字出现的时候，负责对“甲”字进行编码的精灵就激动地大叫：“这是我！这是我！”但是现场气氛很紧张，也难免有认错的，比如旁边有一个精灵，是负责“理由”的“由”字的。“甲”和“由”长得有点像，所以它也激动了，它也喊：“这是我！这是我！”现场有很多精灵，旁边就有精灵提醒它：“你认错了，我是负责读音的，你听，念的是‘甲’，不是‘由’。你安静待着吧！”就是经过这样的选举、竞争、大呼小叫，这个字就被识别出来了。

真实的过程当然比这个例子要复杂得多。比如你看到一个字“咬”，除了负责形状的精灵和负责读音的精灵之外，负责牙齿感觉的精灵也参与进来，负责痛觉的精灵也参与进来，因为你被咬过，疼过。一群精灵合起来把这个字领走。

我们总是把大脑理解成一条秩序井然的流水线，这边输入，那边输出。但实际上，大脑真实的运作是一场混乱的大合唱。从眼睛接收视觉信号到大脑识别文字，再到联想语音和语义，再到解决冲突，大脑里面在不断开会、投票，每一步都很嘈杂。由此可知，阅读为什么要有语音的参与。一个篱笆三个桩，一个好汉三个帮。有越多的帮手，精灵集会的秩序就越好，阅读识别文字的效率就越高。

阅读是一个复杂精密的构建游戏，每个神经元都会与一个基本笔画或基本的字符建立对应关系，在开展阅读时我们需要一条复杂的皮质流水作业线，一步一步地为每一个书面单词构建出它的独特的神经编码；阅读又是一个非常繁杂的无意识加工的过程，整个视觉单词识别的过程，从视网膜加工到最高层级的抽象与恒常性在不到 0.2 秒的时间一步步自动展开，不需要任何有意识的检验。

第二节 阅读需要做好哪些准备？

阅读，是一个常读常新、常说常新的话题。个人的成长和气质提升需要靠阅读，科学的探索和发明离不开阅读，社会的和谐与文化繁荣有赖于阅读，文明的传承和创新发展更要靠阅读。

一、明晰阅读的目的

人为什么要阅读？聂震宁在《阅读的艺术》一书中认为有四大目的。

一是读以致知。即通过阅读获得新知，不断增强自己的见识。人生有三大欲望：食欲、性欲、求知欲，前两个是生理层面的，后一个是精神层面的，人和动物的最大区别就在于精神层面，其最直接的表现形式就是求知。

清代张潮是一位著名散文家，也是一位有很深哲学思考的学者，他揭示了人的认知的三个层次规律：一是新鲜的发现，二是全面的观照，三是快乐的把握。具体到一本书的阅读上，就表现为三种不同的阅读层次：第一个层次是读过，知道了一些自己原先不知道的知识，这属于普通阅读的层次。第二个层次是了然于心，就是能清晰地讲述全书的主要内容，对全书能做一番归纳整理。第三个层次即融会贯通，能够将这本书放在相应的学术领域、自己所擅长的知识视野中加以把握和理解，并重新构建自己的知识体系。要达到这样的效果，阅读的时候就要在文本的内容意境上多加体会、在学理逻辑上多下功夫、在思维辨析上多多理解，只有这样，所读之书才能进到自己的思维学识中间。

二是读以致用。这是读书十分重要的目的。我国历来主张学以致用，所谓“仕而优则学，学而优则仕”，强调的就是读书做学问和做事做官之间的辩证关系。学生从幼儿园到大学毕业，十多年漫长的学习和读书生涯，最能体现读以致用的目的。在科学技术日新月异的今天，大家都普遍感觉到在学校里所学的那点知识不足以让自己在社会工作中站稳脚跟，纷纷树立起终身学习的理念，所凸显的也是读以致用。

聂震宁先生认为读以致用也可以分成不同的层次，比如说成长性阅读、职业性阅读、精英性阅读、研究性阅读等，分别对应着自己的求学阶段、走上工作岗位阶段、成为某领域的行家里手阶段、成为某一领域的专家阶段所需要进行的阅读。虽然知识视野在不断扩展，专业领域的研究越来越深刻，但阅读的实用价值是不容置疑的，阅读始终是促进自己成长和专业发展的重要手段。

三是读以修身。这一直是社会化阅读的核心主张，强调读书的目的是教育人、陶冶人、塑造人。这看上去是一个很高的目标，其实就体现在我们日常生活的点点滴滴之中。比如说在出行的路途之中，你是旁若无人地高声喧哗、肆无忌惮地玩自己的游戏，还是注重社会公德，安安静静地读一会儿书，体现的就是一个人的修养和气质。

“腹有诗书气自华。”句中的“诗书”一词即为学问，大意是指一个人有了学问，其气质自然提升。其实在古人那里，诗书不仅是指学问，也包含文学修养，特别是诗词歌赋修养等内容，概指所有的文化修养。读书的修为直接影响着家风的建设，“数百年旧家无非积德，第一件好事还是读书”强调积善之家要做的第一件事情就是读书。同样，一个民族、一个社会的精神风貌，从是否养成阅读习惯上也能看出高下。

四是读以致乐。这是决定一个人坚持终身学习的关键因素。读书要能养成习惯，最关键的是感兴趣，有内在的驱动力，所有靠外界的力量来推动的事情效果都不可能好，也不可能持久。

我从 2006 年开始坚持每周读一本书并写出一篇读后感，一直坚持到现在。很多人都觉得不可思议，问我是如何坚持下来的。其实我自己一点都没有觉得为难，因为我在其中得到了很多的乐趣。比如说，每当我在工作中面临难题的时候，总会发现有一本书在等着我；比如说因为阅读发现了很多有趣的事情，认识了不少国内外的名家，让我内心充满喜悦；比如说因为读书找到了一批志同道合的朋友，大家共同阅读、互相鼓励……这样的乐趣让我沉醉于阅读之中，快乐自在。

二、阅读需要具备的条件

美国心理学家、教育学家丹尼尔·T. 威林厄姆在《心智与阅读》一书中指出，人要能自如地阅读文字，意味着他能够对面前的文字加以解码，将其恢复成口语。为此，必须要具备如下三个条件：

一是要有识别和分辨不同文字的能力。由图画演化而来的象形文字，是以原始的描摹事物的记录方式所创造的最早文字，通过线条或笔画把要表达物体的外形特征具体地勾画出来，虽然比较难写、比较复杂，但相对来说比较容易识别。象形文字经过一步步的演变和简化，到了今天很多文字的形状、意义等和当初已有千差万别。但从人类学习阅读的机制上看，依然是先将一个文字看作一幅画，然后再慢慢过渡到具体的笔画的。孩子需要在很短的时间里，走完文字创造以来几千年的进化历程，最终识别出一个个的汉字，而且能够看出“由”“甲”“申”之类文字的差异，真的是一件非常重大的工程。

二是要有分辨不同声音的能力。与阅读能力关系最密切的就是辨听语音的能力，人在阅读的时候不论自己是否开口，其实一直都与文字的发音相伴，人们往往就是通过文字的发音来确认文字的意义的。辨听语音面临着三大难题：第一是人们的发音不同，由于人们在说话的时候都带有地方口音，或者发音不标准，他们在说同一个字、同一句话时，往往发音是有差异的；第二是有些文字是多音字，在不同的字词搭配中的发音是不一样的，即便是同一个人说同样的文字，也会因语境不同而发出不同的音；第三是某些文字的发音取决于它在文中与相邻文字的关系，比如说“儿子”“花儿”中的“儿”。要准确地发出一个字的声音，需要经过一番练习，既要反复地听，也要反复地说。

三是要确立文字与发音的对应关系。文字其实是一种代码，阅读就是一个“解码”的过程，是将一段文字转化成一段语音，在这个过程中将视觉的信号转化成特定的语义。从识别出单个文字及发出声音到读出一段句子，也是一个新的台阶，当文字变成词语、成为句子之后其意义经常会发生变化，人在读这些文字时的语气、情绪等也会随之改变。对一段文本的理解，就是在这样的基础上实现的。

三、阅读理解的三个过程

阅读理解是由三个过程组成的：第一，从句中提取要义；第二，联系要义；第三，针对文本内容创建某种更系统的要义，也就是情境模型。

每一个语句都有要点，人们在阅读语句的时候往往不是一字不差地记忆，而是抓住文字的要点进行记忆。有这样一个测试，先让被试者看这段话：“小狗向来对我很友善，虽然它的主人对我态度很恶劣。”阅读之后过一个半小时再让他们看这一句：“虽然小狗的主人对我态度很恶劣，但小狗往往对我很友善。”被试者大都认为在此前看到的就是这句话。但当把这句话改成“小狗向来对我很友善，即使它的主人不认识我”之后，被试者大都能看出，此前这句话没有出现过。从语句中提取要义的过程，就是理解语句的过程。理解书面语句的能力建立在理解口头语句能力的基础之上，人们是通过逐步发展才做到这一点的。

从语句中提炼出要义并不难，难的是如何将提取出来的要义联系起来。在上述例子中，被试者读到了“我”“小狗”“主人”“友善”“恶劣”等关键词，这些词构成了上述这段话的要义。然后被试者在这些关键词之间构建起了复杂的心理表征，它们相互之间的联系构成了要义的网络。如果再有新的语句加入进来，这个网络就会重新构建一次，并越来越复杂化。作为联系两个要义之间的桥梁，因果关系和常识在其中发挥着重要的作用。如果读者对文本中的一些概念或者关键词一无所知、不甚了解，就很难有效地将相关的要义联系起来。所以广泛的阅读对阅读理解本身是非常重要的。

如果所有的文章都是一句句地去读，针对每一个句子都来构建要义网的话，阅读的过程就会被大大地束缚住。很多语句本身没有什么特别的含义，并不需要逐一去解读，特别是在阅读整本书的时候，读者想要的往往是更抽象的东西，以便自己从不同的角度思考文本内容。情景模型就能做到这一点。情景模型比要义网更抽象、更不完整，人们在建立情景模型的时候，通常会关注如下几个要点：一是事件主角的行动；二是事件发生的时间；三是事件要素之间的空间关系；四是事件之间的因果关系；五是事件是否与主角的目标有关。当然，应该建立怎样的情景模型主要还是取决于阅读的目标。

四、影响阅读的三个因素

有三个因素对人是否喜欢阅读有着直接的影响。

一是人对待阅读的态度。态度又可以分为三类，第一类是通过理性的分析对一件事情做出的认同或者不认同的判断，这类态度通常称为认知态度。第二类是因为喜欢阅读而带来的感受，心理学家称这种态度为情感态度。在某些情况下，情感态度和认知态度是不一致的。举个例子，假设你整理出了西兰花对人体的种种益处，而我觉得这些结论是有说服力的，那么现在我对西兰花就持有了正面的认知态度。但是，我的情感态度是不会变的，我还是不喜欢西兰花的味道。第三类态度与人的行动有关。比如说你家附近有几家便利店，你并没有仔细比较过这几家便利店的异同，只是因为经常去其中一家，所以就觉得这家最好。

那么，影响阅读的态度是源自认知、情感，还是行为呢？科学家针对这个问题所做的研究十分有限，丹尼尔·T. 威林厄姆认为，阅读态度基本上还是属于情感态度。它取决于阅读看起来是否有益，是否令人兴奋，是否令人感兴趣。正面的阅读体验容易催生积极的阅读态度，正如脱口秀女王奥普拉·温弗瑞所说："书籍是我通往个人自由的通行证。我三岁时便学会了阅读，并很快发现在我家位于密西西比的农场之外，有一个世界正等着我去征服。"童年时期对书籍的正面体验与日后的阅读态度息息相关，在"正面"环境下长大的人更有可能成为优秀的读者。

二是动机。动机的期望—价值理论指出，选择的动机是两种因素相互作用的产物：如果做，结果价值几何？是否期望得到某种结果？在计算价值时，需要考虑成本。我有一段时间看到大部头的作品心里就发怵，虽然我确定这本书有价值，但因为成本的问题，很难打开阅读它。因为我每周要读一本书并写出读后感，对一本 200 页左右的书来说，意味着我每天要读 40 页，以便 5 天内读完，再留给自己一些时间重读重点的部分并写读后感。如果一本书的厚度达到 400 页或以上，那就意味着每周阅读的任务翻番，成本显然增加了很多。动机不仅与价值的计算、成本的核算有关，还与人的期望值的大小直接相关。比如说购买彩票，如果成功就能中大彩，价值极高，但中彩的概率非常小，因此个体的期望值极低，很多人都意识到自己不会中彩，对投注也不会产生兴趣。阅读也是如此，如果读者认为阅读能获得高价值，但获得这种价值的可能性很低，他就不会产生阅读的动机。

三是自我概念。自我概念是对自身的简略描述。这个概念由两部分组成：一是概括自身行为模式的倾向，例如性格内向、思维缜密等；二是描述自身在其中所扮演的角色。通常情况下，自我概念与阅读态度是互相联系的。如果一个人将自己视为读者，既有助于让自己保持积极的阅读态度，也会以另一种更加直接的方式影响阅读行为。一旦"读者"成为自我概念的一部分，阅读就会成为一种具有经常性和可行性的活动。当自己读得越多时，自我概念中的"读者"部分就会越牢固。那些在家里各处摆放书籍的家庭，尊敬地谈论作家和读者的家庭，喜欢把书作为生日礼物的家庭，休闲时仪式般地阅读周日报纸的家庭，都是在用这样的方式告诉人们，阅读是这个家庭的价值观。同时也会促使家庭中的所有成员在成长过程中培养起强烈的有关阅读的自我概念。

第三节 你还逐字逐句进行阅读吗？

找一段恬静的时光，给自己泡上一杯茶，手捧一本书默默地阅读，让自己和作者进行思想的对话与交锋，是一件非常惬意的事情，也是很多人常见的阅读方式。但文字诞生之初，阅读并非以这样的方式来进行。

一、阅读方式的演变

阅读和人类的历史一样漫长。当然最初的阅读与文字无关，所阅读的是自然之书，人类通过对大自然的观察和阅读来认识各种事物，趋利避害。从最初的游牧狩猎生活到后来的农业社会，人类正是通过阅读不断地发现各种事物的特点和意义，找寻到对自己有益的事物，才一步步走过来的。

创造文字，阅读文字，是人类走出荒蛮、结成社会、迈向文明的重要一步。文字的诞生突破了语言在时间上的局限，使语言得以长久保存，使社会群体的记忆有了飞跃性地增长，异代之间的交际成为可能；文字的产生突破了语言在空间上的局限，使语言得以传到远处，使社会群体的活动范围和交往空间飞跃性地增大，异地之间人们的交际成为可能；文字记录了人类的历史和人类生产劳动的成果，使得后人能够了解历史，总结历史经验和教训，更迅速地推动历史发展的进程。而阅读，则成为人类认知的主要过程，也是获取知识和信息的基本手段。阅读把人类最广泛地联系起来，无论上下数千年甚至更为久远，还是纵横几万里以至浩瀚的星空，阅读在这当中发挥着不可或缺的作用。

自从有了文字之后，所谓阅读就专指对书写在物体表面上的连续文字符号的理解，现在当然也包括从电子屏幕上获取编码信息的阅读。

"阅读"一词的最初含义，从希腊语中即可获知。已知最早的公共阅读始于希腊，希腊较高水平的识字人就是朗读者。希腊语中的"阅读"一词有"我读，我认识，我大声朗读"之意，一直到中世纪的多数欧洲语言里"阅读"一词也都有"朗读、背诵、播送、宣告"的意思。由此可见，阅读最初的规范是朗读。这或许与当时文字书写不易，掌握文字的人太少，其他人只有通过听朗读来知晓文字的意义有关。另外，人们相信创造文字的人会将自己的灵魂通过一种特殊的声音镌刻在文字上，聆听他们自己的朗诵才能将作品的味道品味出来。作教师的，相信都有这样的体会，一段文字印发给了学生，学生有时会一片茫然，但当教师把这段文字念了一遍后，他们就恍然大悟了。朗读需要同时调动视觉和听觉等感官，同时还融入一定的情感在其中，努力为听众创造一种特殊的效果。

从公元前 4 世纪一直到公元 10 世纪，西方人阅读的方式都是大声朗读。因此文字的创作者一直都假定其读者会"听到"而非单单"看到"其作品，就像他们在写作时也将文字大声念出来一样。10 世纪以后，作者朗读不再盛行，但 14—15 世纪再次流行。在整个欧洲世界里，19 世纪是作者朗读的黄金时代。

在当时，作者朗读自己的作品也是一种时髦的社交仪式，还有一套为听众和作者而制定的规矩。听众要提供批判性的回应，作者再根据听众的反应来修改自己的文章。作者公开朗读，为的不只是将作品带给公众，而且也带回给作者自己。狄更斯的很多作品就是通过自己的朗读被大家熟知的。他花费了很长时间去练习演讲风格和姿态，并将自己的作品编辑成"朗读书"，在页边做上记号，提醒自己朗读时要使用的语气和姿态，并将听众的现场效果记录下来，作为文章修改的依据。每次朗读结束，他都大汗淋漓。

默读这种阅读方式在西方文学中第一次有明确的记载，是公元5世纪奥古斯丁在书中描写的安布罗斯读书的情景："他的眼睛扫描着书页，而他的心则忙着找出意义，但他不发出声音，他的舌头静止不动。任何人都可以自由接近他，访客通常不时通报，所以我们来拜访他时，常常发现他就这般默默地阅读着，因为他从来不出声朗读。"

或许是因为"默读"这种阅读方式在当时太另类，让奥古斯丁印象深刻，所以才留下了这段文字，让我们能够借此想象一千多年前安布罗斯默读的景象。默读让书本与读者之间建立起一种未有他人在场的沟通，并让读者单独得到"心灵的振作"。从公元10世纪之后，默读的方式逐渐在西方普及。当然因为书籍数量的限制，能够默读的只是社会上的一小部分人。

与默读相比较，朗读的要求要更高一些，因为默读时即便一目十行，或者有一些自己不认识、不理解的字也可以跳过去，但朗读的时候就不可以，一个字音没有读准就会闹出笑话来，要求朗读者必须对文字有较为准确的理解。之所以后来默读逐渐成为阅读的主流，要归功于书籍出版、传播的加速，以及印刷术的普及。当书籍变得唾手可得时，人们发现自己可以和作者之间建立起一个更为私密的交流渠道，不需他人介入，阅读变得更加个性化了。

对于绝大多数的阅读者来说，阅读文字往往先于实践之前，再通过此后的实践来印证或者纠正文字所给予的信息和知识，这种倒逆式的学习成为人类加快进步的主要路径。社会的文明之所以发展速度越来越快，与社会普遍重视阅读、群体学习能力不断增强有着直接的关联。所以当今的很多国家都非常重视国民的阅读，在推进全民阅读方面使出了浑身解数。

阅读是人的基本权利，阅读力的养成和提高也是一个人的基本权利。对大部分社会而言，阅读是社会形成契约的初始，学会阅读便是一个人在社会上的通关仪式。阅读是一件非常美好的事情，它可以使得我们对生命有很多次的体验和感悟。

如何去阅读一本书，奥古斯丁也给出了具体的建议：既不利用书本当作思想的支柱，也不像相信贤人的权威般相信它，而是从中攫取一个观念、一句警语、一个义项，将它与保存于记忆中的反思联系起来——如此便产生了一篇由读者做出的新文本。我们今天很多人的阅读，采用的不正是这样的方法吗？

如果不注意保护，长时间的阅读会造成对人眼的伤害。统计表明，人类有1/6的近视比率，在读书人之间，这项比率又高出许多，接近24%。亚里士多德、叔本华、歌德、席勒、济慈、丁尼生、亚历山大·蒲柏、吉卜林、叶芝、乌纳穆诺、泰戈尔、詹姆斯·乔伊斯……他们的视力都不佳。

所以很多阅读者都非常感谢眼镜的发明。笛卡尔曾这样称赞这一发明："我们的生命所有的运作皆依赖感官，而视觉是其中最包罗广泛也最高贵的，因此，能扩大其能力的发明，无疑是最有帮助的。"我在阅读的时候，也离不开眼镜的帮助。

二、改变自己的阅读习惯

我在第一辑中曾提到过，很多人拿到一本书之后都会依循线性阅读的习惯，从书本的第一页开始逐字逐页地进行阅读，一直读到书的结尾为止。但很多时候，只要拿起书阅读，不需要多长时间眼皮就开始打架，整个人开始犯困，很快就读不下去了。

拿起书来就犯困的原因之一是我们在读书的时候，没有很好地利用大脑的各种资源。大脑就如一台高速运转的机器，可是逐字逐句的线性输入提供给大脑的资讯和信息太少，大脑无事可做，慢慢地就进入了休眠的状态。要改变这种现状，关键是要遵循大脑运作的规律，让大脑这个拥有巨大容量和运算功能的"机器"在阅读的过程中能够充分地运转起来。为此需要改变已有的阅读习惯，重点强化如下几个方面的新习惯。

一是在阅读前做好"热身运动"。拿到一本书之后不要着急去翻阅，首先要花点时间去思考，思考自己面临的困惑、对这本书的期待、这本书和自己要解决的问题之间的联系，等等。这样的思维热身运动，会不断激活自己脑海中的相关记忆，在此基础上开展阅读时，新旧知识之间就很容易产生共鸣，从而激发更多脑神经连接。其次，要阅读一些有关这本书的介绍，如豆瓣、知乎等媒体上的书评，先大致了解这本书重点讲述什么，有什么特色和亮点，便于自己在阅读的过程中目标聚焦。热身运动相当于我们把头脑知识单元中的隐藏层唤醒，让新的内容信息与已知的内容信息进行连接，连接之后才会稳固，否则吸收的信息再多，信息之间若没有连接，新内容也会飘忽不定，久而久之就会消散。这就是人脑运作的规律。

二是改变逐字逐句点式阅读的习惯，努力扩大自己的阅读视距，多进行面式的阅读。有关这一点，下面会专门讨论，这里不再展开。

三是给一本书的阅读设置时限。很多人对所读的书籍是没有时间要求的，总想顺其自然地把书看完，在这种情况下大脑接收到的刺激就非常温和，在低刺激的情况下大脑也容易处于休眠的状态，导致阅读难以为继。如果每本书的阅读都有较为紧迫的时间要求，大脑在接收到“时间紧、任务急”的信号时，其他感官也会传递相应的指令，迫使我们集中精力开始工作。在这个“被迫”的过程中，被感知的文字和语句传到大脑神经的过程就会加快，我们眼睛的移动速度也就会随之加快。如此相互反复，就是一种积极有力的正循环阅读模式。我坚持每周读一本书，对此的感受非常深刻，正是因为有这样的限定性要求，我的阅读能力逐渐提升，现在每周读完一本书并写出读后感对我来说基本上没有什么负担了。

三、重建信息的获取路径

习惯性地逐字逐句的阅读，在初学语言时期是很有必要的，因为初学者的阅读，其中包含了识字、辨析词义等众多的学习要求。当一个人具有足够的词汇量，可以进行独立阅读之后，就应该练就一目十行的本领，可惜的是这样的本领在学校里基本上没有教过。

有一个很著名的实验，一个人在一张白纸上画了一个小黑点，然后他把白纸放到胸前，问大家看到了什么，95%的被测试者都说看到了这个小黑点，只有5%的被测试者说看到了巨大的留白。这个实验告诉我们，我们的眼睛有一种被焦点控制的先天性倾向，动物捕猎时眼睛的聚焦状态是一种本能，我们在读取信息时也是一样的。当我们的眼睛要仔细分辨特定的视觉对象的时候，视野就会自动缩小，聚集在特定对象上。这是为了能够清晰地完成对视觉对象的一个感知任务，避免出现差错而进行的一个下意识的习惯性行为，以达到调整和控制的目的。

为什么有的人看书速度很快，看完之后记住的内容也很多，有的人逐字逐句地仔细阅读，花费了很长时间，读到最后却忘得差不多了呢？这与眼睛获取文字信息的路径和方式不同有很大的关系。虽然他们都是在读书，但在他们的眼睛与书本接触的那一刻，文字的摄取路径有可能完全不同。

根据阅读方式的不同，可以将人的阅读风格分为点式阅读和面式阅读两大类型。

逐字逐句的阅读就是点式阅读的典型体现，这也是很多人固有的阅读习惯。采取这样的方式开展阅读的人，通常读书的速度都很慢。这是因为在阅读的过程中你的头脑会先将文字转换成语音，在你的脑海中回荡，然后你再根据语音来识别这个是什么字，这个句子的意思是什么。受制于发声的速度，一个人通常一分钟内能够发出250个字左右的声音，因此逐字逐句阅读的速度也就局限在这个数字左右。

面式阅读是一种一目十行的阅读，在阅读的过程中眼睛有较大的视域，能够同时感知到一大块文字的信息，并将其中的核心要义提炼出来。在运用面式阅读时，人虽然也是通过眼睛来读取文字的信息，但主要以视觉为主、听觉为辅。再把阅读对象当作一个图片去看的话，你就直接动用了自己的视觉系统，这个视觉系统内有90万个神经细胞，每秒钟能够处理的信息量是430万比特，平均每个神经细胞每秒钟可以处理5比特的信息。这种信息处理速度是听觉系统不可比拟的。

除了处理信息的速度更快，面式阅读还有如下特点。

首先，因为把阅读对象当作一个视觉整体来看待，所以构建起了眼睛读取和大脑理解的直接连接。逐字逐句的点式阅读走的是听觉系统，其基本的流程如下：（1）眼睛看到文字；（2）脑中发音；（3）根据发音去理解文字的意义；（4）将这些零散的文字意义组合起来，最终整合和理解一段意义完整的内容。如果换成面式阅读，将帮助读者减去多余的两个环节——文字转换成声音、声音转换为理解。此时的阅读路径就变成了：文字—理解。正是这两个环节造成低效并沉淀下来成为难以改变的习惯。当减掉这两个环节，你的眼睛看到文字，脑中就能直接理解文字所传递的意义时，你就会爱上这种“飞奔”感。

其次，面式阅读还能够平衡和开发掌管空间、图形、绘画等视觉形象思维的右脑。这样在阅读时就可以双脑并用，而且可以通过左右脑的密切合作来处理阅读过程中获得的信息。

四、唤醒图像记忆的功能

高效阅读，不仅体现在阅读的速度快，而且体现在能够记得住所读的主要内容，把握文本的核心要义。其中，提升记忆能力至关重要。记忆管理着我们的“财产”，锲而不舍地帮助我们积累经验、知识、技能等智慧财富。这位管家还有一个“副手”，这个副手就是遗忘——负责过滤，过滤无用信息和细枝末节。“遗忘”这名副手如果干得出色的话，就能让我们的记忆管家更高效地去记住真正有价值的信息，也就是我们所说的“经典”。

每个人都会同时使用两种记忆方式：声音记忆和图像记忆。但因为从小训练的缘故，人们的阅读总是以文字的识别为主，所以习惯使用声音记忆。比如读绘本时，你会下意识地首先去看书里面相对应的文字，而不是试着去直接看图。随着人们逐渐长大，进入成人社会，接触到的更多是抽象的符号，人们总是用符号去记录符号，用抽象去理解抽象，久而久之就将图像记忆方式荒废掉了。

我们的记忆感官变得越来越迟钝的原因，是我们一直锻炼的是自己并不发达的那个感官，而忽视了其他记忆的感官。如果让你看一页文字，你很难将其中的内容记下来，但如果让你观察一幅图片，你能轻松地回想起来与这张图片相关的细节。你拥有这种过目不忘的图像记忆的能力，需要在阅读的过程中将其激发和调动起来。

使用图像记忆方法的原理其实很简单，就是把需要记忆的对象转化成一幅图景。我学习朱自清的《荷塘月色》是在中学时期，到现在我仍能将这篇文章的大部分内容都背诵下来。我采取的记忆方法就是图像记忆，按照朱自清景物描写的顺序在脑海中绘制了一幅图景，在不同的地方见到不同的景物，使得文字和图像有了相互对应的关系。一次次的朗读和背诵，一方面固化了这幅图像，另一方面也促使自己借助图像来理解信息，收效明显。

前面提到过在阅读一本书的时候，最好能够从多个不同的渠道了解与这本书相关的信息，这除了激活大脑中多种潜在的神经元的连接之外，还有一种功效，就是唤醒图像的记忆。比如说观看与阅读的主题相关的电影，唤醒图像记忆；参观与阅读相关的展览，加强图像记忆；聆听与阅读相关的音频，补充图像记忆中语音的缺失……在这个基础上，再通过文字阅读，唤醒前三种记忆连接，打通多条记忆通道，这样阅读的效果就会大大提升了。

第四节 阅读能达到怎样的层次？

读书的习惯与如何安排和利用业余时间直接相关。娱乐固然重要，但获得直达心灵深处的知识更重要。当舒适成为理所当然，不舒适的状态就会变得难以忍受，于是也就不想做读书这样麻烦的事儿了。我们处在信息爆炸的时代，也是出版业高度繁荣的时代，但很多人却生活在知识和信息越来越匮乏的世界中，不仅所掌握的知识极其有限，在精神上也很贫乏、脆弱，最终难免会吃大亏。与其“书到用时方恨少”，不如将精力放在平时的阅读上。

一、阅读的类型

从满足个人需求的角度看，阅读大抵可分为三种类型。第一种是娱乐，即通过阅读获得美的体验。这种阅读最不费工夫，对阅读者的要求也最低，只要能识字明义就有了基础。比如说读通俗小说。第二种是为了获得某种信息或知识，即读能读懂的东西。阅读的作品与阅读者的理解能力相当，如读报纸、杂志、微信等。需要注意的是，太多的信息和太少的信息一样，都是对理解力的一种阻碍。换句话说，现代的媒体正以压倒性的信息泛滥阻碍着我们的理解力。第三种是为了增进理解，即读必须读的东西。阅读的作品超越了阅读者的现有水平，通过阅读可间接地提升阅读者的理解能力和思考能力。

增进理解的阅读是这样的：你并不完全了解一本书，但你有一种内在的愿望和力量，就是要读这本书。凭借着自己的心智活动努力阅读，你从只是粗浅的了解推进到深入的体会，从只有模糊的概念过渡到更清楚的理解，这一过程就像是自我的破茧而出。这种有思维的多种运作方式参与的行为，指向个人心智的发展和提升。

聂震宁对阅读的分类更简单，他在《阅读的艺术》一书中采用二分法将阅读分为实用性阅读和休闲性阅读。实用性阅读是人类社会不断进取与发展的动力，休闲性阅读是人类实现全面发展的需要，两者都是必需品，缺一不可。

实用性的阅读是与自己的成长、工作和生活实际紧密相关的，是为了解决现实问题而开展的阅读。而休闲性的阅读则与人的精神世界有直接的关系。人在休闲时间不仅会发生物质消费，还蕴含着大量的精神需求。休闲使人在精神自由中历经审美的、道德的、创造的、超越的生活方式。

休闲时间做什么，不同的人对此有不同的理解，不妨来看看历代的大家名人是如何说的。亚里士多德认为，休闲是一切事物环绕的中心，是哲学艺术和科学诞生的基本条件之一。德国诗人席勒则说，只有当人是完全意义上的人，他才游戏；只有当人游戏的时候，他才是完全的人。你看，他把游戏这种独特的休闲活动与“完人”之间建立起了联系。胡适对闲暇也有自己独特的观点。他认为，要看一个国家的文明程度，只需要考察三件事：一看他们怎样对待小孩子，二看他们怎样对待女人，三看他们怎样利用闲暇的时间。

如果从阅读的速度来看，又可以把阅读分为快阅读和慢阅读两种类型。有的人一年能读上百本的书籍，如果没有飞快的阅读速度是难以想象的，也有的人认为阅读不能追求速度，要关注文本的内在意蕴，寻找其内在的价值。

美国新罕布什尔大学的一位教授早些年就提出“慢阅读”的概念，主张细细阅读一本好书，反对一目十行地读，他严厉批评学校鼓励学生开展阅读速度和阅读数量的竞赛，认为这是对阅读价值的破坏。这就像我们外出旅游，坐在急速飞驰的车里看风景与漫步于名胜古迹之处仔细品味，感受是完全不一样的。阅读就如看风景，就像品尝美食，又如山区品茗，还如林中散步，匆匆忙忙有何好处？只有慢阅读方能体会阅读的愉悦，从高品质的文字中找寻乐趣和意义。

随着数字技术的广泛运用和智能设备的普及，数字阅读和纸质阅读、碎片化阅读与整体性阅读、浅阅读与深阅读又成了当下比较热的阅读话题。其实在每个人的阅读历程中，这几类阅读始终是共存的，看一篇杂志上的文章或者微信中的推文，常常就是碎片化的、肤浅的阅读；认真研读一本著作，就是我们常说的整体性阅读、深度阅读。阅读一直是多方面、多元化的。相比较之下，数字阅读还有纸质阅读所不具备的优势，譬如便捷，包括查阅资料的便捷、检索信息的便捷、链接知识的便捷、存储文件的便捷，等等。没有必要谈虎色变，全面否定。

人类认识世界有四个层次：信息、知识、思想和审美。纸质阅读在这四个层次上基本都能完美地实现，而数字阅读在前两个层次上显然更有优势。在呼吁人们多读书，读完整的书，读人类的经典，不断提升阅读的思想价值和审美价值等方面，纸质阅读显然更具有优势。

所谓深阅读，是指具有深度的、产生深刻理解的阅读，往往与整体性阅读具有相同的内在含义。人类的阅读永远处于浅阅读和深阅读、快阅读和慢阅读、碎片化阅读和整体化阅读这么一个矛盾状态和转换过程当中。但深阅读是人类文明与文化得以传承非常重要的一个途径，如果没有深阅读，整个民族、整个社会的思想能力、研究能力、创新能力都会衰落下去。

二、好书阅读要主动

什么是真正的好书？要想给它下一个确切的定义很困难，即便是举例说明也不容易。比如说四大名著是不是好书，这也取决于读者的年龄、阅历、知识背景和阅读理解的层次和能力。

莫提默·J. 艾德勒和查尔斯·范多伦合著的《如何阅读一本书》，对好书做了如下的解读：好书是可以与你的心智一同成长的书。你最初阅读好书的时候，这本书的层次就远超过你，现在你重读时仍然超过你，未来很可能也一直超过你。艾德勒认为，这样的书很少，不会多于100本，就算你放宽一点标准，也不会多于500本。他在这本书中还向大家介绍了自己眼中的好书，如果感兴趣，可以找来参考一下。

在我的阅读历程中，遇到的好书也有不少，佐藤学的《静悄悄的革命》就是其中的一本。这本书几乎是伴随着第八次课程教学改革同步和全国的教师见面的，近20年来，我们在教育教学改革中碰到的一系列具体问题和困难，这本书中几乎都有涉及，解决这些问题的思路和办法，书中讲得也是具体明了。我在2003年第一次接触到此书，就被深深地吸引，对我的教育观念和教育教学实践产生了重要的影响。此后我曾多次阅读，写过好几篇读后感，也购买了许多本赠送给喜欢阅读的教师。

佐藤学在这本书中强调，所有的教育改革都是围绕着如何改进教与学的状况、提升教与学的质量而展开的。教与学是由学生、教师、教材、学习环境四个要素构成的，这四个要素并不是孤立存在着的，它们之间具有内在的、密切的联系，只强调其中的部分要素而忽略了其他要素，都会导致教与学的过程中出现问题。保障每一个学生的学习权，维护孩子学习的尊严是课堂教学改革的核心；构建教师之间相互学习、共同提高，教育行政人员、家长和市民也参与学习、共同发展的“学习共同体”，能形成支持学生学习的强大力量；建设“主题·探求·表现”的“登山型”课程，开展活动的、合作的、探究的学习，是学校课程建设中最具挑战性的工作；改变一所学校的面貌，要从学校内部的变革开始，在学校建立起教师相互之间公开授课的校内教研体制，在学校机构和组织的简化上做文章，要举办专题的展示活动，为教师的专业发展和学生的健康成长搭建展示的平台。学校面貌的改变只需要三年的时间就够了。

我将佐藤学在书中对教育教学改革的相关理论和实践，结合自身的教育实际运用到学校管理之中，在两年的时间里就让一所薄弱初中的面貌发生了质的改变，后来我为此写了一篇题为“改变一所学校需要多长时间?”的文章发表在《中国教育报》上；我将佐藤学关于课堂教学改革的实践运用到一个区域的初中教学整体改革上，也在较短的时间里取得了明显的效果，基于这项改革的成果还在上海市基础教育成果评选中获了奖。自己在工作实践中取得了一些成果之后，反过来再来阅读《静悄悄的革命》一书，就会有新的感悟和体会，这让我更加坚定要读好书、要反复读好书的决心。

莫提默·J. 艾德勒和查尔斯·范多伦合著的《如何阅读一本书》也是一本值得一读再读的好书。这本书从 1940 年出版到现在，已经有超过 80 多年的历史，始终被一代代的人们推崇，这本身就是对图书质量最好的证明。

这是一本关于“阅读的艺术”的书。所谓阅读的艺术，用作者的话说就是“凭借着头脑运作，除了玩味读物中的一些字句之外，不假借任何外助，以一己之力来提升自我的过程”。不同的人在阅读完一本书之后会有不同的收获，除了各自的生活阅历和背景不同所带来的差异之外，还有两个因素在其中发挥着重要的作用：一是主动地进行阅读；二是掌握一些阅读的技巧。

带着问题主动地开展阅读，对那些想增强理解力的读者来说非常重要。阅读越是主动，收获也就越多。前面曾建议读者在阅读一本书之前先做一些“热身运动”，一方面对即将开始阅读的这本书多一些背景信息的了解，另一方面也要提一些问题，以便自己在阅读时关注这些问题，并做进一步的思考。艾德勒对此还给出了进一步的规范，认为在主动阅读中一个阅读者总要提出如下四个基本问题：

（1）从整体上看，这本书到底在谈什么？

（2）如果细分到不同的章节，作者的想法或论点是什么？

（3）这本书的观点有道理吗，是全部有还只是部分有道理？

（4）这本书和我有什么样的关系？

越是主动阅读的人，在阅读世界里的探索能力和探索欲望就越强，收获自然也就会多一些。如果仅仅把书作为催眠的工具，放在自己的床头枕边，让自己在书香中逐渐进入梦乡，那是不可能增强理解力的。

三、阅读的四个层次

如前所述，增强理解的阅读要关注两个因素：一是主动，二是技巧。《如何阅读一本书》把人的阅读划分为四个不同的层次，从低到高依次为基础阅读、检视阅读、分析阅读、主题阅读，每一个层次又都包含了一些具体的阅读阶段和技巧，掌握这些层次的特点和阅读的技巧对增强理解能力很有帮助。

第一层次：基础阅读

该层次大致可以分为四个阶段。

一是阅读准备阶段。包括身体、智力、语言、个体能力等方面的准备，孩子在上小学之前，在家庭或者幼儿园里所做的一系列工作都与此有关。

二是会读简单读物的阶段。通过阅读准备阶段的学习和训练，孩子懂得了一些文字或符号的意义，了解了一些字句的使用、词句的含义、字词的发音等技巧。小学一年级学生大体上就处于这样的阅读水平。

三是快速建立词汇能力的阶段。孩子在这个阶段会学会不同目标与不同领域的阅读方法，比如科学、社会学、语言艺术等，有能力且很轻松地阅读交通标志或图片说明，能填写政府的有关简单表格等。因为好玩，或为了满足好奇心，孩子会自己找书籍来阅读。小学四年级学生的阅读水平基本上就是如此。

四是阅读的成熟阶段。初中八、九年级的学生应当具有该水平的读写能力。到了这个阶段，学生已经是一个“成熟”的阅读者，他们几乎可以阅读所有的读物了，只是还不够老练而已。

虽然这本书讨论的是教师的专业阅读，但上述分析告诉我们任何人要走向专业阅读，都必然要经过基础阅读这个层级，如果在这个层级中没有打下良好的阅读基础，对后续阅读层级的提升是会带来一定的影响的。

好在基础阅读的上述四个阶段，每一个阶段都会有教师对学生阅读进行专业的指导，帮助孩子掌握阅读的技巧，回答孩子在阅读过程中碰到的各种问题，消除孩子在阅读过程中所遇到的各种困难。只有当一个人能够自主阅读的时候，他才有可能成长为一名优秀的阅读者。这项工作过去主要是语言类学科的教师们在做，现在看来更需要所有学科的教师一道参与。因为每一门学科都有自己独特的语言体系，都有阅读训练的任务在其中，大家各司其职，一起努力，才能夯实基础阅读的根基。在这个过程中，每个教师也能检视自己对阅读的理解和思考，在指导学生成长的过程中提升自己的阅读层次，达到度人也度己的双赢效果。

第二层次：检视阅读

拿到一本书之后，你的阅读流程是什么样的呢？很多人都有这样一种习惯，打开一本书之后，对书的封面、书的前后勒口、封底的信息基本上不去浏览，连书的目录也只是匆匆浏览一下或者一带而过，直接翻到正文，开始一页接着一页的阅读。看上去阅读的心情非常迫切，读书的动力也很足，但很有可能却在一本并非值得仔细阅读的书上花费了太多的时间，读完之后自己也后悔不迭。

要避免在不必要的图书上浪费时间，检视阅读就显得非常重要。在拿到一本书后，不要急着去读，而是先对书做一次略读或粗读，从中了解作者著述的意图和在作品中想表达的观点，对这本书的价值做一个判断，看是否有必要在后续花更多的精力去仔细阅读。

对一本书开展检视阅读，大致需要以下几个基本的步骤：

一是研究书名，以及作者或作者的好友撰写的序，了解这本书的特点、写作的角度以及书的类型。举个例子：现在教育领域比较流行的一个热词是“深度学习”，它其实来源于人工智能，如果你发现了一本与“深度学习”相关的书籍，就特别要注意从书名、作者的序言等角度来了解这本书是介绍人工智能领域深度学习的研究，还是教育领域在深度学习方面的实践和探讨。如果不做这样的检视，或许在深入阅读的时候就会发现自己完全搞错了。这是一个极端的事例，还比较容易从中发现问题，遇到那些都属于教育领域的、在概念上模棱两可的书籍，如果不认真检视，或许一直到你要把书读完了才发现不对劲。

除了阅读这本书的序言外，现在像豆瓣、知乎、微信读书等很多读书平台上都有大量图书的评价文章，从平台上看看其他读者是如何评价这本书的也会对自己有所启发。

二是研究书的目录，对书的基本架构做概要性的了解。这就好像是你要到一个陌生的地方去旅游，在出发之前先找一张地图了解一下当地的概况一样。有了这张“地图”，你大概就能明白这本书不同章节之间相互联系的内在线索，甚至还可以画一张思维导图将它们之间的关系勾勒出来。这对后续阅读节奏的把握也是非常重要的。

如果书中附有相关词汇的索引，也要对这一部分进行浏览。在研究目录大致了解此书的概况之后，书中所附的这些词汇能给我们提供支撑整体框架的基本概念，其中的一些在书中还是非常重要的概念。对索引中的词汇有了先入为主的印象，等到阅读过程中遇到它的时候自然就会引起自己的注意，有利于提升阅读的效率。

三是对书的包装进行检视。现在新出版的图书都非常注重封面的设计，并且常添加单独的包装页，用醒目的图文来吸引读者的眼球。无论是封面还是包装页，里面都包含了非常丰富的信息，从中可以看出作品的主题，或封面本身就是图书故事的有机组成部分，或向读者介绍图书的受众，或给读者提供阅读的线索，等等。一个优秀的封面、包装页的设计，总可以让读者获得丰富多元的信息。

四是在上述检视工作做完的基础上，把书打开来东翻翻西看看，偶尔念上一两段，随时寻找这本书主要论点的信号，留意主题的基本脉络。如果书本的最后有归纳总结，也不要错过阅读。然后随意挑选几个跟主题息息相关的篇章做一些快速的阅读，特别留意这些篇章的开头和结尾有没有相关的摘要或总结，如果有的话也不要错过阅读。

对于非虚构的图书，真正有价值的信息占比在 20%左右，另外 80%多是填充数字、细枝末节或者解释说明。检视阅读所要解决的，就是努力去把握一本书的重点、有价值的信息。将上述这些工作做完了之后，如果能进一步确认这本书的价值，接下来就可以进入分析阅读的层次了。

到了检视阅读的层次，才算真正进入阅读。大多数人，即使是许多优秀的阅读者，也往往都忽略了检视阅读的价值。

第三层次：分析阅读

弗兰西斯·培根说："有些书可以浅尝辄止，有些书要生吞活剥，只有少数的书要咀嚼和消化的。"检视阅读的作用，就在于区分这些不同类型的书籍，为自己留出时间和精力来做那些"咀嚼和消化"的事情。

分析阅读就是要咀嚼和消化一本书，这是一种专注的阅读活动，是一种追求理解的阅读活动，它可以再细分为三个阶段，每个阶段都涉及许多阅读的技巧和规则。下面简述如下。

阶段一：说出这本书在谈什么。需要遵循的阅读规则有：明晰自己所阅读的图书属于什么种类，其对应的主题是什么；用最简短的文字说明整本书在谈些什么；知道这本书共由几个部分组成，能把各部分之间的顺序与关联性列举出来；能给全书列一个大纲或者画思维导图；确定作者想要解决怎样的问题，采用的策略是什么。

阶段二：诠释这本书的内容。需要遵循的阅读规则包括：学着换位思考，从作者的角度来诠释作品的关键字，并与作者达成共识；善于发现并找到最能反映这本书主旨的重要语句，并能够从这些语句中将这本书的重要主旨凸显出来；知道作者的论述是什么，从书本内容中找出相关的句子，再重新架构出来；确定作者已经解决了哪些问题，还有哪些是没有解决的，并判断哪些是作者知道他没有解决的。

阶段三：像沟通知识一样地评论一本书。其中所需要遵循的阅读规则包括：批评一本书是建立在你对这本书有充分的了解和认知的基础之上的，除非你已经完成这本书的大纲架构，也能诠释整本书了，否则不要轻易地批评它；即便你觉得作者的观点肯定有问题，自己的想法很有道理，也不一定非要通过辩论，像小葱拌豆腐那样非要把事情辩得一清二白，所有的真理都具有相对性，都是与时俱进的，何况受知识和视野所限，我们所坚信的并非是真理呢；在说出自己的评论之前，你要能证明自己区分得出真正的知识与个人观点的不同，这一点其实很重要；如果你确实觉得作者有问题，要对他展开批评，那么可以从以下几个方面入手——证明作者的知识不足、证明作者的知识错误、证明作者的记述不合逻辑、证明作者的分析和理由是不完整的。

分析阅读，比较适用于非虚构类的作品，也就是那些传达知识的作品。它可能是历史、数学、政治论文或科学研究报告，或者是哲学及思想理论。对于那些虚构类的作品，比说小说、诗集和戏剧作品等，主要以想象力为主，在分析阅读的时候就需要对规则进行调整。好在《如何阅读一本书》已经对不同类型作品的阅读给予了具体的指导，甚至对不同的阅读对象也给出了在规则使用方面的弹性尺度，这让不同的读者都能找到自己和作品的契合点。

分析阅读，其实是读者和作者在努力追求共鸣的高境界。

对作者而言，写作是一个惶恐的过程，自己写下来的那些文字一旦被正式出版，就随即弃他而去，独立地远游，越过意象的高山和草地，跨入奇幻的大街和混沌的小巷，消失不见。作者对写下的东西无能为力，不知道在被人阅读的过程中会发生什么样的变化。或许就是因为有这样的担忧，达·芬奇对自己创作的绘画作品总是放在身边，改了又改，修了又修，就是不肯交付给他人。

阅读的过程则与此不同。如果读者沉浸在一本书中，就会有意外的收获、突如其来的惊喜、不期而遇的欣悦、心领神会的美丽。当读到其中那些精彩的言论时，仿佛感觉到了生命在血管中的震颤，那种不可企及的愉悦，令人感到一阵阵的眩晕。正如博尔赫斯所说，阅读是一种经验，就如同你看到一个女子，一见钟情，坠入情网，那是一种千真万确的经验。

和作者产生共鸣，是阅读过程中非常重要的事情。前面曾提到过，阅读是为了和现实脱离，同时也为了在自己周边之外寻找，寻找和自己相近的人。当你阅读时，你不仅仅是在吸收前人的思想，更重要的是做出甄别，用自己有限的体悟去理解作者是不是自己精神上的同类。

第四层次：主题阅读

这是一种比较阅读，读者会读很多书，列举出这些书之间的相关之处，提出这些书中都谈到的一个主题，甚至架构出一个哪本书中都没有提到的主题分析。这是一种最主动也是最花力气的阅读。主题阅读由两个阶段组成。

一是阅读准备。针对研究的主题，设计一份实验性的书目；浏览这份书目上所有的书，确定哪些书与你研究的主题相关。

二是研读书籍。浏览所有在第一阶段被确认的书，找出最相关的章节；根据主题创造一套中立的词汇，吸引作者与你达成共识；建立一个中立的宗旨，列出一连串的问题，请作者予以回答；界定主要的以及次要的议题；分析这些议题并讨论。

主题阅读是近些年来比较流行的一种阅读方式。在一段时间里，就某一主题选择系列书籍进行研读，以求对这一领域有较为深入的了解，是主题阅读的要义所在。但在具体实施的过程中该如何去做，才能让主题阅读有更好的成效呢？

《秒懂力》一书的作者唐文等人对书的局限性做了一番分析。他认为，书存在着先天性的不足，对于绝大多数书来说其主体部分都是文字，如果书不是有排版的限制需要转行，把一本书的文字拉开就是一条长长的线。阅读的过程，就是沿着这样的一条长线前行的过程，这就决定了书表述信息的方式是线性的。但人的思维是立体化、网络化、结构化的，因此书传递信息的方式与人的思维结构之间存在着巨大的鸿沟，如果你想要把书上的知识转变为能影响行为的动力，就需要跨越这条鸿沟。

跨越鸿沟的方式，就是要让书本呈现给我们的知识结构化，通过结构化让其符合人的思维习惯。那么具体该如何去做呢？主题阅读就是让所学领域的知识结构化、立体化、网络化的有效途径。在具体实施的过程中，要着力做好三方面的工作。

首先，了解所要研究主题的架构。

如果你准备用一段时间来了解一个相对陌生的领域，你应该先看一本权威的百科全书的相关词条，这个词条里会有几千字来浓缩这个领域的精华。最重要的是，权威的专家会为你呈现一个清晰的大架构，让你能看出这些概念、要害问题、命题等彼此之间的联系。一旦大的架构建立起来，那些具体的知识应该在架构中的什么位置上就能很方便地知晓。这就如盖房子，一旦主要的架构确定，再有新的细节你也可以非常容易地快速定位这个细节在整个架构中的哪一个位置，应该怎样合理地纳入主架构中去。

在此基础上，你还可以进一步细化，就这一领域的某一个专题梳理出一个子架构，以及厘清子架构在母架构中的位置。

其次，通过时间轴了解该主题的纵向大图景。

每一个主题都有非常多的书籍可以读，那些专业的书籍不仅写得厚重，而且晦涩难懂，就连其中一些名家的传记往往一写就是好几百页，如果你一本本读下去，能否读完另当别论，即使读完了可能最后依然是只见树木不见森林，得到了很多细枝末节的信息，但却未能抓住所要研究主题的关键。

在建立了所要讨论主题的架构之后，不要急着找书来读，而是要找寻有关这一主题历史演变的时间轴，从这种时间轴上去阅读丰富的信息。作者以苹果公司为例对此做了说明。

路透社曾对苹果公司做过详细研究，把公司从最初成立到现在的整个演变用一张图表呈现了出来。从这张图上你可以看出，1997 年乔布斯重新回到苹果之后，短期内他无法马上改变苹果的技术，于是采用新瓶装老酒的方式，把 MAC 重新做了包装推向市场。真正拯救苹果的是 iPod，但是把股价推向巅峰的是互联网的渗入，All-in-one 和互联网生态建设让苹果从一个本来濒临倒闭的企业焕发生机，一举成为全球商圈耀眼的明星。有了这条时间轴，苹果发展的重大节点、苹果发展和乔布斯本人的重大问题等都能看得非常清晰，在此基础上你再去读如《乔布斯传》等书籍，就能很快知道脉络和重点在哪里，能快速地吸收其中的内容了。

最后，通过截面图看该主题的横向图景。

在同一个时刻，有很多人分别从不同的方向从事某一领域的研究，他们的切入点不同，研究所依据的理论不一样，研究的路径、采取的方法也存在差异，但却都在某些层面上取得了成功。就像当下的人工智能，就有多重理论模型和探索的方向。

如果我们选取一个较小的时段，将这一时段该主题相应的研究进行分门别类的整理和分析，然后对不同时间段的变化进行跟踪研究，你就会很容易发现在这一主题下，某些研究的声音越来越洪亮，研究的方向和成果越来越被社会认可，而另外一些研究，刚开始的时候声势浩大，没过多久就逐渐消退甚至销声匿迹了。这对我们从横向的层面来把握所研究主题的大图景是非常有益的。

先建立所研究主题的架构，然后从纵向、横向两个维度进行大图景的分析，在整体把握了该领域的基本状况后再根据需要选择相关的书籍进行针对性的阅读，这样不仅可以快速获取相关的知识和信息，还很容易将所学的这些纳入你自己的思想体系，变成真正能改变你的行为的能力。

阅读的终极目标是主题阅读，但这不是一件容易的事情。当你确定了一个主题的时候，你会发现这个主题会有很多不同的含义，要想区别这些含义本身就是一件困难的事情。比如说“爱”这个主题，如果你仔细研究一下就会发现世界上任何存在的事物都可能爱和被爱，或两者兼而有之。即使将其缩小到人类的爱上，也有很庞大的领域能够涉及。光确定主题就如此复杂，在具体阅读的过程中遇到的问题就更多了。但解决一个个问题的过程，不就是自己增进理解、提升能力的过程吗？

第五节 阅读应以知识为重吗？

在很多人看来，这似乎不应该成为问题，读书就是为了求知，不就应该以知识为重吗？但如果我们再次审视知识的产生过程，或许就会有新的认识。

一、阅读应该以专家为重

在上一辑中，曾提到知识产生的特点以及知识的树状结构。这棵知识树，它的树根、树干、树枝、树叶等都是一个个的知识点，虽然从物理结构上看所有的知识点组合起来就是知识树的整体，但从思维的逻辑上看并非如此。知识点背后的思维模式、思想方法才是最为关键的，也是在阅读学习中特别要关注的。而这些思维模式和思想方法，与建构该领域知识体系的专家有着密不可分的关系。

在推荐阅读作品的时候，为什么人们总是会推荐该领域的开山之作、代表之作，很少把涉及该领域的教材推荐出去呢？一个很重要的原因就是现有的教材基本上都是按照所在领域的知识系统，经过恰当的取舍而编辑出来的，呈现给读者的是一个知识系统的框架，以及相关联的一个个的知识点，知识背后的思维方法、学科逻辑等往往隐含在知识点的背后，很少会作为学习的内容显现出来。这样的编排设计，主要是为了教师一章一节地慢慢讲述而设计的。那些相关领域的代表作，在呈现方式上和教材有很大的区别，往往会阐述主要论点、呈现思维的过程和研究的方法，以及为了验证观点所做的实验、提供的相关证据等，凸显了专家的思维模式、思想方法。

所以，在阅读中仅去钻研知识点是不够的，需要将目光聚焦在这些专家的知识谱系上，要把他们的核心论点梳理清楚，把他们的代表作搞清楚。同时，还要关注三个方面的信息：一是该专家的师承关系或者他个人的研究背景。二是这个专家是孤军奋战还是团队作战。一般情况下，专家们都是在一个学术圈中，工作中会有自己的队友，也会有自己的弟子，这些队友和弟子也会为这棵知识树做出自己的贡献，在某一方面展现自己的专长。三是与专家的核心论点相反的人。学术方面探索性的研究很多，经过一番探索之后得出的研究成果、形成的核心观点并不是所有人都赞同的，那些反对者的观点也是很值得研读的，这给读者提供了截然相反的阅读视角，可以帮助读者从正反两个方面来看问题，形成辩证的思维习惯。

关于读书的方法，鲁迅的一段话很值得品味。鲁迅主张博览群书，阅读文艺作品时他曾说过："先看几种名家的选本，从中觉得谁的作品自己最爱看，然后再看这一个作家的专集，最后再从文学史上看他的历史位置。倘若要知道得更详细，就看一本这个人的传记，那便可以大略了解了。"这种读书法把快阅读与慢阅读、泛阅读与精阅读结合起来，当快则快，该慢则慢，把如何阅读说得非常明白。这段话也非常明确地告诉我们，对一个领域的研究，核心是对其中的专家的研读。

在第二辑中，曾提到过英国著名作家毛姆的"毒舌"特点，他在阅读名家的著作时，就不喜欢就事论事，而会花很大篇幅去研究作者，深入探讨作家的人生经历对他思想的影响，以及对其作品演变的影响。毛姆告诉读者，无论作者写的是什么，都是对自己个性的表达，也是他的内在本能、感觉和经历的集中表现。不管作者多努力地想去保持客观，他仍然是自身癖好的奴隶；不管作者多努力地想要去保持公正，他或多或少都会偏向某一方的立场。这就是小说的真相，也是小说家的真相。即使是优秀的小说家，也并非将改造人类或指引未来视作自己创作的目标，创作只是人生的一种表达，超出这个意义的创作都将是痛苦的。如托尔斯泰等人，或许曾为了改变社会而创作，但这样的作品并没能留在历史中。

二、人类底层的思维模型

阅读的重点既然是专家，那就需要对专家的思维方式做更加深入的研究。

李源在《给大忙人的高效阅读课》一书中说，人类的基本思维逻辑永远是在两组对立的价值观之间做选择。掌握人类底层的思维模型，就能够知道其思维的逻辑起点以及他的主张所蕴含的价值观，这对提升阅读能力来说尤为重要。

人类底层的思维模型有两个，即严父思维和慈母思维。严父思维的逻辑原点是强调个人奋斗的价值高于一切。一个人要有出息，就要靠自己的奋斗。慈母思维的逻辑原点是强调集体的和谐高于一切。在一个集体和共同体中，和谐是价值追求，不能这个孩子是亿万富翁，那个孩子反而受穷挨饿，共同体中差距过大不利于和谐发展。

在严父思维看来，因为社会的繁荣来自个人的奋斗，所以个体的价值是终极价值；社会需要奖励机制，鼓励个人奋斗，允许一定程度的等级分化；既然集体和共同体无权干预社会成员的自由，那么政府的功能就应该收缩；集体和共同体的责任在于确保个人奋斗的果实不被人侵犯。

在慈母思维看来，社会的和谐、集体和共同体的命运是终极价值。因为公平和平等是至上的价值，所以任何人不能凌驾于平等的限度之上；为了维系社会的公平，政府可以管控民间的经济，在必要时用税收、货币杠杆进行调控；过分的竞争会导致资源浪费，无限制的发展会引发社会问题，破坏社会的和谐。

所有严父思维者，都强调人类知识是累积起来的，知识分散在社会各个层面，每个人都可以是决策者。他们不相信集体，也不相信权威，只相信自己；他们不相信世界上存在全知全能的人，也不相信圣人和伟人，他们认为世界是一点点由每个人慢慢改变的。用经济学的主要创立者亚当·斯密的话来说，这叫“看不见的手”。

所有的慈母思维者，都认为知识是集中在一小部分人身上的，有人可以为所有人做决策，那个人是先知先觉者。主张需要领导集体来改变他们，因为这些人掌握了宇宙的真理，具有远见卓识。他们愿意把权力交给集体，由集体来确定自己的命运。

每一种理论、学说、公式的背后，基础逻辑都是这两个思维模型，他们在人类的思想殿堂里开枝散叶，产出了成千上万的理论、公式、原理。

比方说，几乎所有的经济学家都是严父思维的信徒，他们有基础的假设，认为人都是理性的，会根据自己的现实状况做出理性计算，更喜欢模型和数据分析的定量研究。但是一心追求效率和发展，难免会忽视很多社会问题，因此社会学就随之而生了。而人类学家则几乎都是慈母思维的信徒，他们关心个体的成长，相信多元化，认为每个族群和个体的存在都有自己的特殊性，相互之间的差异很大。人类学家喜欢研究少数民族，社会学家更愿意研究文明社会中的弱势群体，这都带有明显的慈母思维倾向。

人们所持的教育观念也有两种类型——外铄和内发。认同外铄观念的人，认为人的发展主要依靠外在的力量，强调外部教育措施的作用，具有明显的慈母思维的基本特征。认同内发观念的人，强调人的身心发展力量源自人的内在需求，与自己的努力和奋斗有直接的关联，具有鲜明的严父思维的特点。

把这些底层的思维模式想明白了，再去阅读相关的作品和著作就能更好地理解作者的思维逻辑，也能举一反三，只需要读一定量的书籍就能明白更加深刻的道理了。

三、阅读的一些小窍门

教师在专业阅读中，经常会涉猎心理学、脑科学、文史哲、经典思想等作品。这些作品有的语言晦涩难懂，有的文字冗长拖沓，常常让教师望而却步。要解决这些问题，需要掌握一些阅读的小窍门。

毛姆提供的一个读书小技巧是：不要盯着一本书读完之后再去读另外一本书，最好四五本书同时阅读。因为一个人在一天的不同时间段里情绪不同，这一天的不同时间段里自己也不都想去读某本书。同时阅读几种不同类型的图书，可以让自己随时都能找到符合自己当下情绪和心意的书，读起来就会充满愉悦感。

类似的小技巧还有很多。比如说出声朗读，让语言沁入身体。用耳朵听到的话，容易在大脑里形成影像，所以精神自然而然就会集中。比如说对书中自己感兴趣的关键语句做标注，或者将关键页折起，看上去一个小小的动作或批注就能够让你和书本之间、和作者之间建立更加亲密的联系，书也才会成为你一生的宝贵财富。比如说经常对书架中的书籍进行整理和排列，书架如同自己的记忆装置，光是目光掠过书脊就能回忆起书中内容、相关话题或是阅读时的自己。

长篇小说的阅读有一种特殊的技巧，就是“跳读”。一个明智的人不会把读小说当作一项任务，而是把它作为一种消遣。毛姆说：“如果聪明的读者能学会跳读的技能，他便总是能在阅读中获得最大的乐趣。”剧作家在将一部作品改编成一部电影或者戏剧的时候，必然会对其中的内容进行大幅删减，以实现最好的戏剧效果。阅读的时候也是如此，直接跳过书中那些乏味、无趣的内容，像猎犬追寻狐狸的气息那样始终追逐书中的精华部分，不仅可以提升阅读的速度，更容易让自己感受其中的乐趣。

最简单的“跳读”技巧，就是只读对话部分。哪怕是再不容易读懂的书，描写对话所使用的语言一般也会比较简单，这是一种快速阅读的方法。这恰似看电影，文艺作品经常被拍成电影，但并非所有语句都会被置换成影像，而是会筛选有趣的部分，再根据对话推动情节。通过快速阅读顺利读完，能让你对自己的读书能力充满自信。越是厚重的古典作品，自信越能变成快感，同时阅读量也会有显著的提高。这种跳读的方法，还能培养读者的类推能力。在这个过程中大脑会全力运转，使想象力变得丰富，这样想来这种读书方法简直是大赚特赚。

非虚构类的学术作品的阅读要像面试官招录新员工一样，时刻保持注意力集中，不断地“盘问”作者，回答自己在选书过程中产生的各种疑问。其中也有两种可以参考的阅读技巧：一是独木舟阅读法，即将一本书从头读到尾，就像是乘坐一条独木舟顺流而下。当然如果仅仅这样去做是不够的，还需要在读书的过程中练习三步提问法，即在读完了这本书的序章和第一章之后，列出一系列自己感到疑惑的问题；在读完全书 1/3 内容的时候，看看有哪些问题解决了，又产生了哪些新问题，将这些新老问题都罗列出来；在读书的整个过程中，随时随地停下来，问上一系列“如果……会怎样”的问题。通过不断地提问，让思维逐渐聚焦到作者的核心观点上是一种很有效的阅读技巧。二是核潜艇读书法，就是像核潜艇一样随时下潜又随时浮出水面，一切行动都由自己把控。这种读书法有两个要点，一是从全书的 2/3 处开始阅读，因为学术类的书籍有基本的撰写规则，前面大多数文字都是相关论据的呈现，为后面的核心观点做铺垫。二是在阅读的过程中寻找与全书的后 1/3 内容相关的章节。

阅读自传、评传、语录之类的书，更应该着眼于其中的本质部分。这类书籍的阅读既不是为了获得知识，也没有拓展想象力的乐趣，主要是通过对“天才”人物一生的了解，给读者以丰富的启迪，让读者感受到成功者和天才们所拥有的“闪光点”，并借此激发积极性或者学习他们的思维方式。

阅读古典作品或深奥的教育理论，最好不要直接从原著或者译本读起。经典作品本身就很难读懂，如果是国外的作品经由翻译而来，经过译者的加工之后对作品的形象也会造成很大的影响。可以从针对其价值和当代意义的解读书籍开始阅读，找到一组类似的书籍，从不同角度看他人是如何解读原著的，等有了一定的基础之后再去啃读原著，那时难度就会降低很多了。

我读的书目中，有相当一批是国外作家的作品。我的英语水平一般，不会去直接阅读原著，所读的都是经过翻译而来的中文版。读得多了，对翻译的水平和质量也大体能做出一些判断。那些粗制滥造的翻译是我最深恶痛绝的，不仅文字读起来拗口、别扭，还将原作者的思想精华做了很多歪曲，造成很多的误解。

在翻译者之中，林琴南是一个不得不提的人物，他自己不通任何外文，却和他人一起合译了100多种小说。其中，有一些经典名著翻译得是很得体的，也有很多被其随意删减和增加故事情节，甚至将剧本翻译成了小说。在这方面，德国的额润斯苔茵和林琴南也有一比。额润斯苔茵不懂中文，他认识了一个中国学生，让这位学生从中国小说中零零碎碎地翻译了100多段故事给他，他从中知道了《水浒传》，于是将水浒中各种人物的故事改头换面，加在武松一个人的身上，还让武松吟白居易的诗，于1927年出版了《水浒传》的德文版《强盗与士兵》。

村上春树说："文章的错误里最成问题的是翻译。"相信我们每个人对此都有非常深刻的认识。你的面前有一篇古文，要求你将其翻译成现代文，就是这样的翻译已经难倒了很多人，这还是在同一个语系中所做的工作。翻译讲究"信、达、雅"，但要做到这些实际上是非常困难的，一是信、达、雅本身并没有明确的标准，本身就存在很多模糊性；二是翻译作品的过程中牵涉的因素太多，比如说意识形态领域的，商业追求方面的，翻译者自身的素质，等等。以至于昆德拉自己对所有的翻译者都不信任，要疑心重重地扮演审查者的角色，仔细核对自己作品的译稿。亏得他懂得几个国家的语言，而那些对他国语言一窍不通的作者，其作品只能任由翻译者宰割了。

四、树枝状的阅读路径

生活或工作中经常有各种各样的问题、困惑，人们总想通过各种途径来寻找答案，而阅读就是其中最常见、最有效的路径。

一个质地真实的、有意义的问题通常不会正好在某一本书中有不留缺憾的全部答案。更要命的是，真实的问题几乎总是跨学科、跨领域的，你所要追寻的独特答案往往散落在好几本、数十本甚至上百本不同领域的书中。有的时候，寻找答案的路径是明晰的，你需要做的就是将这些图书都找寻过来，一本本地阅读，然后让你心中的困惑逐渐明晰起来。但更多的时候，找寻答案的路径是不清楚的，你从一本书中切入，感觉到它应该告诉你答案是什么，或者至少给你一些提示，但读完之后却让自己大失所望。于是，又开始新的找寻，或者像战国的屈原那样不顾形容枯槁地追它一辈子誓不甘休，也或许像曹魏日暮途穷放声大哭的阮籍般随时喊停。我自己就有这样的感受，心中困扰的一个问题想了好久，读了很多书都不得其解，就在自己非常失望以至准备放弃的时候，随手翻起的一本似乎与该问题没有关联的书，却意外地发现了新大陆，那样的意外之喜，难以用语言形容。

读书的过程中还会经常遇到的另外一种情况就是自己原本是因为某一缘由而开始阅读一本书的，但开始阅读之后不由自主地就沉浸其中，并在其中还发现了其他一些原本不在自己计划之中的好书，于是一路岔开着阅读过去，一不小心就走出了好远好远。唐诺在《阅读的故事》一书中用孔洞、缝隙来作比喻，说“这个世界处处是孔洞处处是缝隙，时空的缝隙（你可能念的是三千年前古希腊人一次传说中的壮丽远征）、视角的缝隙（神经质的弗吉尼亚·伍尔夫和你一定是不一样的两个人，看事情的方式也肯定跟你不同）、语言符号的缝隙（蔓越莓、覆盆子、番红花、迷迭香等我们有多长时间只在翻译小说中见过并想象它们的样子和滋味、香味）、知识的缝隙（黑体辐射到底是什么东西、重力陷缩又是什么东西）、经验的缝隙（在西伯利亚太阳不沉落的白夜睡觉会不会很奇怪）云云，每一个都足以令你心生惊异好奇，一不小心你就会由此缝隙又掉到另一本又一个不同世界的不同书中”。

读书还与自己阅读时的情绪状态有关。有的时候突然心血来潮，翻开过去从未涉猎的某一领域的图书，一不小心就被吸引了过去；有的时候为了写一段文字，将一二十本相关的图书搬到了自己的身边，不停地翻阅查询，而且往往有不期而遇的收获；有的时候正在阅读的一本书读不下去了，心情的微妙变化提醒自己要换一本书来阅读；有的时候忽然有了朗读的欲望，想把书中有趣的部分分享给别人听。

书的世界因此而变得多元，阅读的路径也不像人们想象的那样是一条直线，而是从某个线索延伸出去的独特的路径，其展开的样子基本上是树枝状的，就像古生物学者用图像绘出生物的演化史的形状，他们称之为“演化树”。随着阅读的不断进行，这一树枝状的阅读路径也在不断地随机分枝分杈，有些树枝越来越粗壮、枝叶繁茂，当然也有一些枝杈发展不下去逐渐走向灭绝。

第六节 阅读是语文老师的事吗？

在教师群体中谈起阅读，人们很容易就联想到那些文科教师，特别是语文教师，仿佛阅读是他们这个群体的专利。事实也是如此。在校园中，与阅读相关的事情，文科教师是主力军；出版专著，基本上也是文科教师独霸天下。校园中若有一个喜欢阅读、善于写作的理科教师，仿佛就是个“另类”，大家看他的眼光都会有点儿特别。

一、理科教师在阅读上存在“偏科”

学生的“偏科”问题，一直被各方所关注，甚至通过高考制度的变革来纠偏。其实，教师的“偏科”问题同样需要引起我们的关注。

理科教师阅读的“偏科”现象，或许与几个因素有关：一是过早地分科使得他们在求学期间就没有接受良好的阅读训练，未能养成阅读习惯。走上工作岗位后，很少有学校会对教师进行专门的阅读辅导，唤醒他们的阅读渴望。二是理科的学习内容相对比较稳定且具有较强的逻辑性，知识之间通过特定的规律和原理建立关联，因果关系的链条比较清晰；理科的教学比较突出逻辑和思维，强调规则和秩序，把握了学科的这些特征，就能较好地完成教学任务，阅读对教学的直接贡献不是很明显。三是评价指挥棒的导向作用。文科的教学评价因为有阅读、写作等题型，要求教师要做大量的阅读，并撰写下水作文，而理科的教学评价往往指向的是教师的解题水平，于是研究试题、分析试题有哪些类型的解法就成了理科教师特别关心的事情。四是理科的绝大多数知识内容都能用科学的语言进行准确、规范的描述，在理科教师的心中，自然现象都是清晰可解的。但文学、绘画、音乐等领域就并非如此，你或许在阅读了一部作品后感受到了它的好，但却很难用语言进行描述，这往往让理科教师感到困惑，也强化了他们对阅读的敬畏之心，在遇到与阅读相关的事情时自愿退到后面。

我自己就是一名物理教师，对理科教师的阅读现状深有体会。但同时也深切地意识到，在当今这个知识爆炸、学校的教育形态和教学的方式方法即将迎来大变革的时代，作为一名理科教师，如果不能养成良好的阅读习惯，不具备终身学习的能力，将很难胜任教育教学工作。我自己一直以来就有坚持阅读的习惯，从 2006 年开始，每周读一本书并写出至少 3000 字的读后感，努力让自己跟上时代发展的步伐。即便如此，也常常为自己不了解相关领域的知识和进展而汗颜，感到自己跟不上教育改革的节奏。

二、阅读是提升自身专业能力的基础

对教师来说，阅读可以分为两类：功利性的阅读和滋养身心的阅读。滋养身心的阅读比较好理解，所谓功利性的阅读，指的是与自己的工作相关的、借此来提升自身专业能力的阅读。这两类阅读都是必要的，共同构建起教师独特的阅读体系。

从功利性的角度看，理科教师应该醉心阅读。理科的教学内容，主要是为了帮助学生建立起本学科的基本知识框架，帮助学生理解和运用学科的思维方式，因此在教学内容的选择上往往比较滞后，学科领域的那些新进展、新发现、新理论很难在教材中出现。但我们所教的学生，在走向社会的时候所接触的各学科的知识和技能，往往又是当下最新、最前沿的，这就使得学生所需要的与我们所传授的知识之间存在着巨大的落差。而弥补的办法，就是教师通过对学科领域新的研究、新的探索的持之以恒的阅读，择其精华，通过恰当的方式融入教学实践中，在学生的心灵播下不断生长的学科的种子。

学生是如何学习的，在学习的过程中大脑是如何运转的？随着神经科学以及脑科学研究的飞速发展，人们对此的认识也在逐步深化，并有了许多新的发现，比如大脑的神经细胞会因为我们持续进行某方面的学习而生长、神经细胞之间的联结具有用进废退的特点、学习是不同功能的神经细胞共同参与的过程……大脑工作机理的新发现，在不断修正有关学习的理论，也为学习更加高效探索了路径。教师多阅读一些这方面的研究成果和专著，可以让自己真正了解学生，让因材施教的教学原则得以有效落实，让自己的课堂教学少走弯路、事半功倍。

在过去相当长的时间里，教师基本上就是知识的化身，学生知识的主要来源就是通过教材和教师的讲授。随着互联网和智能设备的逐渐普及，学生获得知识的途径和方式发生了很大的变化，教师在传递知识方面的价值锐减，甚至不再是学生获取知识的主要来源。这对教师的工作提出了很大的挑战，要求教师必须重新定位，从原来的知识传授者转为学习的指导者、陪伴者，从以传授知识为主转为探索知识的内在结构、强化知识之间的联系为主；从给学生布置各种学习任务为主转向给学生提供及时的学习反馈为主。这样的转变不可能自然完成，需要教师加强教育理论的学习，多阅读相关的理论专著和教育教学实践的案例，涵养自己的教育智慧。

知识原本是一个整体，是没有学科划分的。随着人类积累的知识越来越丰富，从整体的角度来把握这些知识越来越困难，于是原本是一个整体的知识被划分为一门门学科，人们可以通过学科从某个侧面来了解自然、认识世界、洞悉社会的运行规律。那些基础性的、统摄性的知识，自然就会在不同的学科中均有出现。作为理科教师，要阅读相关学科的书籍，看同样的知识点在不同的学科中是从什么样的角度加以解析和研究的，看这样的知识点在不同的学科中占据着怎样的地位、发挥着怎样的作用。教师在这些方面阅读得越多，在教学中就越能融会贯通，学生也就更有可能跳出学科，洞悉知识的本质特征。

三、阅读有助于自身精神底蕴的厚实

从滋养身心的角度看，理科教师更应该醉心阅读。

衣食住行是人们生活的基础，这其中包含了很多常识性的知识。懂得如何穿衣搭配，才能让自己得体地出现在公众面前，这不仅有助于提升自身的形象，还能发挥示范作用。学会科学地饮食，才能让自己健康地生活，这在今天也是非常重要的课题。一个精神抖擞、充满朝气的教师，总是能让学生精神振奋。办公的场所、生活的居室最能体现一个人的做事风格和内在品质。人和人之间的差异，通常都是在业余的、居家和出行的生活的安排上体现出来的。越是熟悉的事情，人们关注越少。如果能多读一些与日常生活相关的科普著作，或许会发现原来我们并不会生活，做了很多违反常识的事情。

中国传统文化以及世界先进文化中的经典作品，是人类宝贵的文化遗产。阅读一些这样的经典作品，就是与人类历史上最博学、最睿智、最坦诚、最风趣的人展开对话，这不仅是对自己心灵的一种慰藉，更是丰富内心、提升思想境界、洞明世事的途径。即便是理科教师，也要多读一些这样的作品，给自己创造与伟大的智者相伴而行、促膝交谈的时空，拓展自己的视野，丰富自己的精神内涵，让自己离浮躁功利远一些，多一份内心的宁静与清醒。

历史和哲学类的著作也要有选择地读一些。在一个个具体的历史问题的背后，往往隐含着普遍性的规律，“读史使人明智”这句话是很有道理的。理科教师平常所做的学科教学研究，在整个知识体系中是属于基础层面的，是一种就事论事的研究；而哲学则是从世界观和方法论层面提出终极性的问题，引发人们在更高层面上进行的就事论理、借题发挥式的思考，这对提升人的思维品质和认识水平都是大有裨益的。

教师为人师表，在各方面都应该做学生的表率。推进全民阅读，不仅仅是语文教师的事，所有学科的教师都责无旁贷。要让学生爱上阅读，教师自己首先就应该养成阅读的习惯，成为阅读的示范者和引领者。功利性的阅读自然需要，滋养身心的阅读也必不可少。在自己感兴趣的方面，不妨多花一些时间，选择一些有趣的作品读一读，让自己的生活更加充实。物理学家费曼在物理学研究工作之余，醉心玛雅文字，探索出了很多有趣的规律，还发现世人在研究中的诸多错误；他对绘画感兴趣，就阅读相关的著作并反复实践，最终还开了小型的画展。一个人能够在多方面发展自己，是多么有意义的一件事情。

鲁迅先生说："学理科的，偏看看文学书，学文学的，偏看看科学书，看看别人在那里研究的，究竟是怎么一回事。这样子，对于别人，别事，可以有更深的了解。"理科教师们，让我们一起来阅读吧！

第七节 打造专业阅读的共同体

每个人都渴望成长，也常常羡慕别人有比自己更好的成长平台，能接触更多的社会精英，让自己的思路和视野不断拓展。其实，阅读就是一种与社会精英展开对话的非常重要的平台，虽然社会精英未必在你的身边，但你只要有书，就能跟他们对话，哪怕这些精英已经不在人世。与社会精英的邂逅，会激发你的上进心，提升你的品性。

一、阅读的几重含义

一是寻找。生活中经常会遇到各种各样的难题和困惑，我们希望能够找到答案，所以人生就是一场永不停歇的寻找的过程。人一辈子都在寻找，书是最常见的找寻载体，人们寻找能够帮助理解这个世界的书，帮助成为更好的自己的书，帮助思考那些生命中无比重要的问题的书，以及解答一些正巧遇到的问题的书。

当然，对一个人来说，最重要的不是去寻找某一本人生必读之书，而是要养成读书的良好习惯。无论身在何处，都要有读书的心境，都能够随手拿出一本书来阅读。正如林语堂在《读书的艺术》中所说："世间没有什么一个人必读之书。因为我们智能上的趣味像一棵树那样地生长着，或像河水那样地流着。只要有适当的树液，树便会生长起来；只要泉中有新鲜的泉水涌出来，水便会流着。”只要读起来，我们的智慧之树就会生发，慢慢地，自己的人生也就会随之发生改变了。

二是连接。有些人读书，读的是别人的故事，看的是别人的演出，读来读去和自己没有任何关系。以这样的状态读书，无论读多少本，想要得到提升都不太可能。读书最为重要的，是要关注书中那些让自己怦然心动的描述或词语，唤醒自身的生活体验，让自己和作者展开对话。

比如威尔·施瓦尔贝的《为生命而阅读》这本书，尽管他对所介绍的每部作品的内容有深刻的剖析，但如果你仔细研究这本书的话，就会发现他把更多的篇幅用在了“连接”上，他的已经去世的同学、自己曾有过的经历，以及隐藏在内心深处的种种情感和思考，他将自己的态度、兴趣、经历、背景，自己看世界的方式等都融入书中，做到了从别人的文字里找到与自己产生碰撞的那部分。也就是在这个过程中，他寻找到了自己。

阅读，本身就是凭借书本发现自我、寻找自我的过程。自己是如此的独特和富有个性，所以不可能和别人步调一致，在选书的时候如此，在读书的时候自然也是如此。不用去追求与别人相同的感悟和兴奋点，关键是从书中读出自己、读出问题，通过阅读让自己有所体会、有所收获即可。

三是意义。读书对一个人来说，始终有着不可替代的意义。书籍和阅读带给我们的不仅是对理想世界的不懈追求，更是我们思想和心灵的升华与净化。从牙牙学语的孩童，到辛苦忙碌的成年人，再到白发苍苍的老者，我们在缕缕书香的熏染下，与古人交流、与智者对话，从中获取知识、感知世界、体悟人生。

美国《不让一个孩子掉队》教育法案中这样写道：“我们国家正在逐渐地被分为两个‘国家’：一个‘国家’的公民具备阅读能力，而另一个‘国家’的公民则不具备这种能力；一个‘国家’的公民心怀理想，而另一个‘国家’的公民则没有理想。”把阅读能力与“心怀理想”紧紧联系在一起，足见美国教育对阅读能力重视程度之高。

威尔·施瓦尔贝在《为生命而阅读》这本书中讲述了一位祖母和孙子的阅读故事。通过阅读，祖母与不常联系的孙子建立了精神上的联络通道，成为“两个走在同样旅程上的读者”，想到祖孙俩在炉火前共读一本书的场景，一股暖意就会涌上心头，其中的幸福感也会让人重燃生活的热情。阅读建立起宝贵的精神世界，改变的是人生的航向和终点，这正是读书的根本价值。也正因为如此，阅读应该成为每个人的生活态度，成为一种生存的方式，成为每个人应该毕生追求的信仰。

二、打造阅读的共同体

即便是认同阅读的价值和意义，但要让教师养成专业阅读的习惯，仍不是一件容易的事情。

首先是信息时代智能设备的普及，挑战着人们原有的阅读方式和阅读习惯。

纯文字的阅读没有图文并茂式的生动，携带一本厚重的书没有拿着手机方便。社会变革和人们生活的节奏越来越快，文本阅读也越来越浮光掠影。很多人都在追求“悦读”，雅斯贝尔斯曾经感叹的“人们草草阅读，只知道追求简短的能快速获得知识又快速遗忘的那些讯息，而不能去读那些能引起反思的东西”的境况，在今天越来越普遍了。

其次是工作的压力有增无减，窗外的各种诱惑让人心动，每天很难保证有足够的时间用于阅读。

一方面，专业阅读是一种深度学习，是需要基本的时间来保证的；另一方面，专业阅读具有一种庄严的仪式感，正是在这样的学习过程中，人们才能学会一种行为，慢慢养成良好的阅读习惯。而这也需要时间来支撑。如何管理好自己的时间，能够在兼顾工作、家庭、休闲的同时，给专业阅读预留时间，体现着教师的自我管理能力和水准。

再次是专业阅读本身所特有的挑战性。

娱乐性的阅读最受世人喜欢，因为这种阅读没有什么负担，还能愉悦身心。但专业阅读就不一样了：一方面，书籍的选择往往以经典为主，学科专业、教育领域的经典，文史思想类的经典，这些都与娱乐性的作品有天壤之别；另一方面，阅读过程不能走马观花，要以“啃骨头”的精神勇气，由表及里，由浅入深，逐渐进入经典所带给你的无穷世界之中，在脱去一层皮的劳累困苦之中，体验经典带给自己的震撼与感动。

既然一个人的专业阅读如此不易，那就要发挥团队力量，通过打造阅读共同体，形成众人拾柴火焰高的专业阅读新态势。阅读共同体的主要作用是阅读感受和体验的交流，你在向别人介绍某本书的时候，能否把这本书的内容向他说清楚，是衡量一本书是否读懂的标准之一；你在听别人评论某本书的时候，如果产生了“原来还可以这样理解”的感慨，发现他的光芒照亮自己的盲点，就会有新的阅读冲动和欲望。在这样的环境中，持续阅读、养成习惯就变得容易多了。

当然，一个区域、一所学校、一个教研组，与一个阅读共同体还是有鲜明区别的，只有那些有共同教育愿景、有类似阅读兴趣、有专业发展渴望的教师们集聚在一起，才能推动教师群体专业阅读的有效开展。

三、搭建教师专业阅读的桥梁

阅读共同体的核心任务，是在教师的认知世界与教育理论、教育实践专家的认知世界之间搭建一座桥梁，帮助教师走进专家的教育体系。在平时的教学实践中，教师感受最深的一点，就是学生的认知体系和认知方式与学科的知识体系和思维方式在两个完全不同的世界，教师备课和上课一个很重要的任务就是要在这两个世界之间架设一座桥梁，帮助学生从自我的世界走向科学的世界，学着使用人类共同的思维逻辑来认识和了解大千世界，逐渐形成正确的世界观和方法论。同样，教师自我的教育教学经验与教育学、心理学和脑科学所解释的教育教学的规律也在两个不同的世界，同样需要在这两个世界之间搭设桥梁，帮助教师提升专业素养，提高教育教学的本领。

搭桥并不是一件容易的事情。首先，要对两个世界的基本状况有较为清晰的认识和了解，这样才能确定桥墩建在哪里，用什么样的方式来做引桥。其次，要明晰如何架构桥梁，才能让教师在过桥的时候有更多的收获。在生活中，有些桥的桥面铺设得非常平整，为的是让人和车辆快速通过；也有的桥梁则有意识地设计成拱形等，为的是让人们有移步换景、登高望远之感。给教师架设的桥梁也是如此，有的是帮助教师快速梳理相关的教育知识和理论，丰富教师自身的认知体系的；有的是让教师仔细品味教育教学的某些环节和要素，寻求教改和突破的。不同的目的和追求，阅读引导的着力点有很大的差异。

阅读共同体要由三类人来组成：一是参与其中的每一位教师，二是阅读共同体的组织者，三是参与到阅读共同体的专家。教师有阅读的内在需求，组织者要做的，一方面是把教师的内在需求和当期教育改革对教师的要求相结合，确定近期需要共读的书目以及为共同体成员推荐的其他自主学习书目；另一方面是组织专家对共读书目进行剖析，把书中所蕴含的教育教学思想和实践策略，用贴近教师、容易理解的方式表达出来，可以是书面语言，也可以是音频或视频，帮助教师理解所读的图书。

这种采取书面文字和语音引导教师阅读的方式，正暗合了人的阅读的基本机制。前面曾提到，当人们在阅读的时候，同时会启动两条信息加工的通道：一条是视觉通道，另一条是语音通道。阅读的时候，两条通道通过相互之间的合作，来实现对文字的准确识别和意义的理解。

在两个世界之间“搭桥”，不仅仅是为了帮助教师更方便地理解教育著作的精髓，更为重要的是激发教师的阅读兴趣，帮助教师养成良好的阅读习惯。

一个具备良好阅读习惯的人，在学习和事业上的成就会更加突出。美国内华达大学有一个研究报告，研究调查的对象包括 27 个国家，共 7.3 万名学生，目的在于调查他们受教育的时间长短。调查发现，家中有藏书的孩子，大学毕业的概率比起家中没有藏书的孩子高出了 20%。另外，家中藏书量若超过 500 册，孩子受教育的时间平均多出了 3.2 年。我国开展的基础教育质量检测数据也非常清晰地表明，学生的学业成绩与他的阅读量之间有着明显的正相关，那些喜爱阅读、有良好阅读习惯的学生，在学业成绩方面大都有非常优异的表现。学生的学习如此，教师的教育教学实践也是如此。

阅读不仅仅给人的学习和生活带来好处，更为重要的是，读写能力可以彻底改变大脑。脑科学的相关研究表明，文盲的脑活动与识字的人的脑活动存在显著的差异，长期进行读写能力训练的人，不仅在语言听力方面更加敏感，而且脑中的胼胝体后部会更厚，因为胼胝体连接着大脑两个半球的顶叶区域，这意味着两个半球之间的信息交流明显增多，这可以用来解释为什么具有良好读写习惯的人言语记忆的能力明显比文盲要强。

阅读是一个需要集中注意力，让自己处于深度学习和思考状态的过程。获得 2012 年度诺贝尔奖的日本京都大学生理学教授山中伸弥提出，深度思考是最好的养生方式。这是因为大脑是身体每个机能的指挥中心，如果脑细胞充分活跃，必须有足够的能量和养分供给，身体机能会自动调动身体各部位多余能量向大脑集中，习惯性的深度思考能有效缓解脂肪的局部富集。瑞典一位运动生理学家也指出，总是做机械性重复劳动的人，如果每一千次机械性重复运动算一个单位，则每增加一单位将明显导致心肌损伤和大脑钝化。职业运动员晚年患阿尔茨海默病和各种心肌综合征的风险明显高于常人，与此是有关联的。相反，那些具有良好的读写习惯的人却不存在这个问题。看看那些长寿的院士、科学家们，相信大家就能理解这一点。

阅读有如此多的好处和意义，为什么不从现在开始呢？

第四辑

心动就要写出来

有教师曾经“吐槽”：我很喜欢阅读，读了不少书，但为什么没有感觉到自己的成长与发展呢？这个问题其实很重要，阅读是教师专业成长的基础，但要让阅读的效益凸显出来，要让自己获得成长，还需要做好另外一件事情：写作。

阅读和写作，一个是汲取和输入的过程，另一个则是释放和输出的过程。阅读一本书，和作者有了一番心灵交汇的对话之后，通过写作的方式来记录自己的阅读，与作者和更多的人进行沟通与交流，对自己的思维进行梳理，是一件很有意义的事情。阅读和写作双翼齐飞，让教师的专业成长动力十足。

第一节 写作为什么困难？

每一个教师在讲台上都能够侃侃而谈，但多数教师提笔写文章就感到非常困难，其主要原因就是平时没有养成坚持写作的良好习惯，不能将自己思考的、说的话转化成文字。一些教师还以自己是理科老师为由为自己的不能写开脱，这样的理由也是不成立的。我自己就是一个理科教师，可以证明理科教师和文科教师一样是可以写的，关键在于自己是否有内驱力，是否有专业成长的强烈动机。阅读和写作是教师专业成长的两个方面，不可偏废。

一、我的阅读和写作经历

我出生在农村，小学就在村小就读。我的姐姐在村小当教师，这对我的学习和阅读有着不小的影响。当时是“文化大革命”的中后期，学校虽然坚持上课，但课程安排得比较松，也没有那么多的作业，每天有大把的时间可以自由支配。家里有一些小说，如《烈火金刚》《西行漫记》《林海雪原》等，给我的课余生活增添了很多乐趣。这些书我都看过很多遍，以至于书的封面和封底、前后几页都被翻看得残缺不全了。到朋友家里去玩，发现有好的书我也会想方设法借过来阅读。我初中在另外一个村子里读，每天都要走着去学校。有一次回老家，见到初中时的同学，他们说我在上学的路上经常会捧着一本书走走读读。这个细节我已经记不得了，不过每一个孩子都有很强的好奇心和求知欲，而书籍是满足孩子这些欲望的渠道之一。基础教育阶段那宽松的学习氛围，为喜欢读书的我提供了时间的保障，而那些优秀的作品无疑丰富了我的精神底色。

优秀作品的吸引力以及有充足的闲暇时间用来读书，让我慢慢养成了阅读的习惯。上了高中之后，我不仅经常借阅各种书籍，还从捉襟见肘的餐费中省出钱来订阅报纸，扩展自己的阅读视野。我记得当时特别喜欢《安徽青年报》上刊登的那些简短隽永的文章，我还特意订了这份报纸，每一期都认真地研读，感觉收获很多，在写作方面有了不小的提高，写的作文经常作为范文张贴在教室的后墙上。或许是因为当时阅读的关注点不在时事新闻上，不大关注《安徽青年报》上刊登的各地新闻，以至于我拿到淮北煤炭师范学院的录取通知书时，对淮北和安徽的关系竟一时没有搞明白，真是惭愧。上大学后不久，又先后担任了学校广播站的通讯员、系学生会宣传委员，后来还担任过学校广播站的站长。我在大学求学期间，院广播站播送的新闻稿件中，有相当数量的稿件是我撰写的。在负责写稿、审稿的同时，我也经常给各个系的通讯员开设讲座，指导他们选题、撰写新闻稿等。是广泛的阅读给了我这样的底气。

走上三尺讲台的我，更加注重通过阅读来提升自己的专业素养。一方面坚持购买书籍，让自己的书橱逐渐丰满起来，用知识将自己的头脑武装起来；另一方面订阅了当时所有与中学物理相关的专业杂志，及时把握学科研究的最新动态。我不仅自己广泛阅读，还将其中一些学生看得懂的、有价值的物理知识和相关信息进行整合，亲自刻蜡纸、编撰物理学习报，用手推的油印设备印出来给学生学习。这些经历逐渐养成了我在阅读的过程中仔细、认真地对待文本，提纲挈领地梳理文本精华的好习惯。在阅读的同时，我也坚持写作，针对自己在教育教学方面感受较深的一些问题撰写教学随笔和研究心得。到我从教20周年时，已经出版了3本专著，主编了1本上海市拓展型课程的教材，还发表了近百篇教育教学方面的心得和体会的文章。

回想这些年的成长过程不难发现，在每一个成长的阶段，都凸显了阅读和写作这两件事的互相促进、相辅相成。高中阶段广泛的阅读为我的作文提供了滋养和素材，而一篇篇作文作为范文贴在墙上，更激励了我将阅读进行到底。大学期间不断写通讯稿让广播站发现了我，而我通过阅读不但提升了新闻报道的基本素养，而且激励着我写出更加优秀的作品来。走上工作岗位之后坚持不懈地阅读和写作，促使我更加深入地思考教育教学中的诸多问题，并在着力表达的过程中实现了一次次专业水平的进阶。

教师的写作不应局限于读书笔记，还应该包括教学随笔、教育叙事、教育科研成果的报告等。教师走进学校、走进教室，每天都会发生很多有趣的事情，每天都会有生成性的教学情境，如果留意这些，并以随笔的形式记录下来，这些鲜活的教育资料，就会成为自身专业成长的原动力。在这些教育随笔中，一定会有一些引起自己深思、对别人有启迪意义的故事，将这些故事讲述出来，并尝试着从教育学、心理学等角度加以诠释，一篇有价值的叙事故事就诞生了。选择自身教育实践中的一个困惑点，通过文献阅读、实践探索等多种方式进行探索和研究，将整个过程记录下来，在取得突破之后加以梳理，形成的研究报告对其他有同类困惑的教师的启迪作用就会非常大。

二、写作真的困难吗？

看到有人在健身房里练出了几块腹肌，或者经过一段时间的锻炼之后减肥效果明显，人们在羡慕他们的好身材的同时，常常会有一些误解，认为这些坚持锻炼的人一定和专业运动员一样，在锻炼方面付出了大量的时间和精力，并承受了很大的痛苦。其实只要自己“管住嘴、迈开腿、多喝水”，每天睡觉之前能抽出 15 分钟做仰卧起坐，两个月后你就可能练出六块腹肌来。

从某种程度上说，人们对写作的误解与对健身的误解很类似，认为写作也是一种非常专业的活动，需要付出很多的努力和辛苦才行。其实，写作非常简单，只要能把你想说的话写出来，把你心中的想法写出来即可。

我在《读书是教师最好的修行 2》一书中，介绍了童书作家史沃普在美国纽约皇后区的一所小学指导孩子们写作的故事，他所教的这些孩子大都来自少数族裔家庭，说着不同的母语，有很大的文化差异。而且，孩子们都把写作视为一件非常痛苦的事情。史沃普是如何让这些孩子们爱上写作的呢？

在第一节课上，面对这些对写作备感苦恼的学生，史沃普在黑板上写了两个字——“很久”，然后问学生，接下来该写什么？答案显而易见，“再写‘很久以前’”！史沃普告诉学生，文字也会觉得寂寞的，它们会悄悄地让你把其他的文字放在它们旁边。

然后，史沃普写了这样一句话——“很久很久以前，有一位老师”，让孩子们看看还有什么词语可以放在它旁边。于是，“学校”“功课”“考试”……一个个词汇出现了。接下来，“学校”的后面又可以写出很多，包括“学生”“教室”“食堂”“校园”等；“学生”也可以和“巨人”“巫师”“怪兽”“外星人”等建立联系。没多长时间，一个带有故事情节的词汇链在孩子们的头脑中建立起来了，每个人的心中都有了一个非同寻常的故事，孩子们迫不及待地想要将它写出来。①

这是有关孩子们尝试写作的故事，其实成人也能从中体悟到很多。

每个人在生活中都积累了大量的认知体验和生活经验，写作就是要将这些体验和经验整合起来，变成自己独特的思维和文字。关键是要找到一根“丝线”，把那些看似相互独立的经验和实践串联起来。

相信每个人都知道压强的单位帕斯卡，这是为了纪念法国哲学家、数学家、物理学家布莱士·帕斯卡而命名的。《思想录》是帕斯卡的哲学代表作，在这本著作中，“人是会思想的芦苇”一章最为著名。帕斯卡告诉人们，人本来与芦苇没有区别，但是有了思想，便与芦苇有了区别，是思想造就了人的伟大。

想想看，我们每时每刻不都在思想吗？我们从小就被灌输，只要努力就会获得成功，但结合自己的成长经历和社会经验，发现人的努力和成功之间似乎并不是一个简单的对应关系。你发现学校的食堂是一个巨大的学习空间，但这

① 常生龙．读书是教师最好的修行2［M］．上海：上海教育出版社，2021：17-18．

个空间基本被浪费掉了，除了吃饭那短短的一段时间之外，这里没有任何活动。学校里一边在叫着学习空间紧张，一边又有巨大的空间在闲置着，让你觉得非常困惑。读了一本自己心仪的书，作者的不少观点非常新颖，让你联想到了很多，也有不少新感悟，让你在阅读的过程中浮想联翩……

类似这样的思考相信老师们时常都会有，如果及时地将思考的问题和想法写下来，稍加组织和编辑，不就是一篇非常有价值的文章吗？如果坚持我手写我心，可能过不了多长时间，你就不会担心自己写不出文章来，而是惊叹自己怎么这样能写了。

三、写作确实不是一件容易的事情

我手写我心，看上去是很不错的主意，但当自己真正要动笔的时候，就会发现写作确实不是一件容易的事情。

首先，要下笔写作，必须先要克服自己的畏惧心理。

把自己的思想用文字表达出来，这本身就是一件需要付出勇气的事情。停留在脑海中的想法，不管多么保守或者激进，都是自己的秘密。一旦用文字白纸黑字地写下来，并昭示天下，那就等于将自己置于大众的视野、专家的视角下进行评判了。一旦自己的文字或者观点不被世人认可，就可能会带来一系列的麻烦，这是很多人不愿意写作也不大敢去写作的缘由之一。

文字之间的互动和交流也是有一定的规范的，写发言稿和写课题研究报告，写读书感想和写一篇公告，其所遵循的规范是不一样的。很多人虽然具备相当的文字功底，但对其中的一些文稿的规范并不清楚，或者自己并不待见某些形式的文稿规范，所以在写一些有着明确要求的文章时就比较茫然，总有“狗咬天，不知道从哪儿入口”的感觉。

还有一种畏惧心理，是对写作这件事情的看法。在不少人看来，写文章是那种具有特殊素养的人所具备的才华，他们妙笔生花，能把一件非常普通的事情讲得津津有味。而自己天生不是写作的料，勉强写出来的一些文字也是干巴巴的，像是病人有气无力的呻吟，所以无法见人。

上述三种因素如果叠加在一起，更会加剧人们在写作上的畏难心理。很多教师上起课来口若悬河、滔滔不绝，但就是不愿意动笔，与此是有一定关系的。

其次，要想写出好文章，必须要训练自己的逻辑思维。

有关写作的艺术，史蒂芬·平克说过这样一句话：“写作之难，在于把网状的思考，用树状结构，体现在线性展开的语句里。”人们平时大脑里的思考是非线性的、错综复杂的，甚至是杂乱无章的，要将其中的一些想法写下来，首先要构建起一个树状的结构图，明晰这篇文章的主旨是什么，准备从哪几个方面来论证，相关的论据如何组合等，在写作的时候，再按照一定的次序将相关的论点、论据一个个串联起来，以线性的方式展开讨论，并得出相关的结论。

由此看来，要写出一篇文章，有两种写作的路径。第一种路径是在既定的线性文章结构框架下，用树状逻辑来梳理自己的网状思考，这是一种自上而下的写作逻辑，也就是我们熟知的大纲结构，即在文章的题目出来之后，先进行整体“谋篇”——列出提纲，锤炼主题，整理材料，筹划段落，形成文章的结构和表达式，就如同新建高楼大厦需要有设计图纸一样，然后才正式动笔行文。这样谋篇布局的写作是比较常见的写作方式，但也面临着诸多挑战，比如说如果结构不顺畅，在写作的时候就无法很好地解决书写的逻辑问题；比如说对大纲的过度梳理容易让大脑过载从而阻塞思路，等等。第二种路径则反其道而行之，沿着“网—树—线”的逻辑顺序进行写作，这是一种自下而上的写作逻辑。它是需要借助类似于“卡片”的工具来进行写作的。平时就积累与此主题相关的信息卡片，并根据所积累的信息的特征将其分成不同的类别，等到积累了一定数量的卡片之后，信息之间的联系和区别、各类卡片之间的逻辑关系也慢慢清晰了，在此基础上开展写作就会比较容易。有关卡片写作的相关技巧，在后续的章节中还会有进一步介绍。

不管采取自上而下的写作路径，还是自下而上的写作路径，其中都需要构建一条逻辑清晰的文章主线，各部分材料之间也要有比较明晰的因果关系链。这对人的逻辑思维提出了相应的要求。很多人写出的文章让人看来看去看不明白，一个很主要的问题就在于逻辑混乱。写文章，需要传递给读者的最主要的不是那些文字，而是逻辑。只有通过文章把自己对某件事情的来龙去脉、逻辑关系说清楚了，才证明你对此事想明白了。写作水平低下的主要原因，无非是没有养成良好的思维习惯和逻辑习惯，任由思想随意驰骋，想到哪儿就写到哪儿。

最后，写文章需要努力克服知识的诅咒。

所谓知识的诅咒，简单地说，就是一个人越精通一件事，越会忘记学习它有多难。

驾校所聘请的教练都是具有多年开车经验的老司机，他们的技术精湛，面对各种路况和突发事件有随机应变的处置办法，但最大的缺点就是不会将如何驾驶汽车的技术一个一个环节地拆解开来，让学员们一步步地去学习。学习驾驶的“菜鸟们”刚坐上驾驶座位，还没有搞明白东南西北呢，教练就开始发布指令，让你做这个、做那个，很多教练脾气还暴躁，学员们稍有操作上的失误，就引来一顿批评。我自己学驾驶期间，就曾为此和自己的教练多次沟通，希望他学会换位思考，多想想学员们什么也不懂的现实，不要一下子要求太高，但实际效果并不是很好。教练已经形成了这样的教学风格，要想改变是非常困难的。

史蒂芬·平克写有一本《风格感觉：21 世纪写作指南》的书，其中就有对“知识的诅咒”问题的分析。有的作者写出模糊沉闷、故作高深的文章，是为了掩盖自己其实无话可说。那些正在做研究的学者，在取得了相应的研究成果之后，非常希望通过自己的课题研究报告实事求是地和大家分享，但他们写出的文章往往也得不到大家的响应。这就是因为作者受到了知识的诅咒。

产生知识的诅咒有两种比较常见的原因。其一是知识组块太多。专家因为长时间在某一领域思考和研究，对该领域的知识有比较深刻的理解，逐渐建立起了很多知识组块，将原本一个个离散的知识点做了重新的建构，并变成了专家思维中的常识。平日里专家的思考就是建立在这些知识组块上的，他们在写文章的时候，自然而然地就把这些知识组块作为常识表达出来，认为这是不证自明的，是别人也应该知道的。但对很多读者来说，他们对这个学科的认识较肤浅，并没有形成专家的那些知识组块，自然就不能理解专家的深刻见解。驾校的教练教学生，与此道理是一样的。其二是功能固化。当我们越来越熟悉一件事的时候，我们就会以自己理解的方式来描述它，而不去想它本来的样子。有一个思想实验经常被人提及，说有一根蜡烛，一盒火柴，一箱图钉，怎样才能把蜡烛粘在墙上而不让蜡滴在地板上呢？在这个问题中，很多人就忘记了箱子的物理属性，只记得它能装图钉的功能属性，没有想到可以把图钉从箱子里拿出来，把箱子钉在墙上，把蜡烛钉在箱子里。

如果继续罗列，其实还可以找出写作是一件困难的事情的其他原因。知道了写作之所以困难的几种原因，就可以对症下药，找到破解难题的办法。

比如说战胜畏难心理，最关键的是要给自己写作的勇气。有些人学英语总是开不了口，并且在和别人的比较中得出了自己没有语言天赋的判断，其实这是逃避现实的做法。开口说英语只需要具备两个条件：一是积极表达的意愿和勇气，二是培养猜测的能力与态度。开口说话如此，写作也是如此。

比如说逻辑思维能力的培养，一个非常简单的方法，就是多读那些优秀的文章，看作者是如何明确主题、表达观点、建立论点和论据的逻辑链条的。所有的学习，最初都是从模仿起步的，到了一定的程度、积累了一定的经验之后，再开始慢慢地创作，逐渐形成自己的写作风格。

比如说要破解知识的诅咒，一个基本的策略就是把写好的文章先给别人看，从中了解自己和别人在知识表达、思维方式上存在哪些不同，哪些事情对自己来说是显而易见的，但在别人的眼中却是非常深奥的。这有点像做民意调查，但不必大张旗鼓，只邀少数几个人就可以让自己发现问题所在。还有一个策略就是写好文章之后不要急于发出去，而是先放上一段时间，先忙别的事情，等到自己对这个主题不是非常熟悉的时候再回头来读，看自己读起来是否还是和原来一样流畅。

第二节 读书笔记有哪些类型？

阅读和写作，一个是汲取和输入的过程，另一个则是释放和输出的过程。阅读一本书，和作者有了一番心灵交汇的对话之后，通过写作的方式来记录自己的阅读，与作者和更多的人进行沟通和交流，对自己的思维进行梳理，是一件很有意义的事情。

一、认真读书是写好笔记的前提

要写好读书笔记，首先要认真阅读这本书。如果没有精心的阅读，没有将整部作品通读一遍，就很难从整体上把握作者的写作意图以及作品的精妙之处。

赵丽宏先生是著名作家，著作等身，有很多作品入选语文课本，在教育领域以及社会各界有很高的知名度。我有幸结识了他，并不时收到他赠予我的书籍。我不能辜负他的好意，隔三岔五会读一本他的书，读完之后写一篇读书笔记。想着自己是一个物理教师，无论是文采还是构思都和赵老师有很大的差距，所以写了读书笔记后就将其放在我的博客中，没好意思告诉他。一次偶然的机会，赵丽宏先生从网络上搜到了我写的文章，很是意外，对我这个理科教师给予了诸多的褒奖，并在多个场合提及此事，让大家关注我所写的东西。

赵老师之所以喜欢我写的这些文章，一个很重要的原因就是我认真阅读了他的作品，大致读懂了他想表达的意思，并借助文字将我的理解说了出来，与他进行了一次次很好的交流和对话。我们常说“没有调查就没有发言权”，这句话用在读书上其实也是相通的，没有认真地阅读一本书，就不可能写出比较得体的读书笔记。

对每一本选定的书，我都会进行精细化的阅读，并在书中及时做出标识和批注，把自己的想法用简要的语言记录下来，以免过后遗忘。当然这里所说的精细化的阅读，不是逐字逐句地把这本书“啃”一遍，而是在把握重点的前提下，有的放矢地开展阅读。重要的部分仔细、反复地品味，其他部分快速阅读，把握其精华。一本书全部读完之后，我还会将书中圈画出来的文字再次进行阅读，对自己批注的文字再做梳理，形成对这本书的整体认识。这种对一本书潜心阅读的习惯，也对我的工作和生活产生了有益的影响。

在阅读的安排上，我一个阶段通常会确定一个阅读主题，然后围绕这一主题选择几本书进行专题阅读。这样的阅读有一个好处，能够让自己借助专家的研究视角，从不同的角度去审视同一个问题，获得对所研究主题多元化的认识。人们都有崇尚权威的思维习惯，如果仅阅读一本书，很容易被该书中的一些观点左右。我们常说兼听则明，阅读其实也是如此，广泛地阅读可以让自己全面了解事物的状况，不犯片面性的错误。

通过写作加深对所阅读书籍的印象，也是我坚持做的一件事情。写读书笔记，特别是当这本书给自己的启发比较多的时候，我会选择其中与教育相关的内容，或者找到其中一两个比较有意义的话题展开阐述，而不会面面俱到。如果一篇读书笔记写完之后意犹未尽，就再写一篇。有的时候，一本书可以写出3—4篇，每篇一个小专题，也很有意思。如果说阅读是信息的收集和整理，那么写作就是信息的输出和发布，两者相得益彰，让我的人生更加丰富多彩。

二、读书笔记的类型

读书笔记主要有三种形式：书评、读后感和札记。

书评往往是对一本书的价值判断。要能说出这本书的优点或者缺点所在，这是对作者价值观的一次梳理，也是读者将自己的价值判断和作者在书中的观点进行互动，找寻到契合点的过程。相对而言，写书评需要读者自身要有一定的阅读视野，阅读过一些同类型的书籍，对作者本身以及他的写作意图有一定的了解，能够站在一个比较高的层面上看待这本书。

书评的基本功能有三个：一是向其他潜在的读者介绍这本书的内容，引发他们的阅读兴趣；二是对这本书的类型做出界定，让大家明白这是一部怎样的作品；三是导读，介绍书中自己感受最深的一些地方，引导他人在阅读时关注相应的内容。

从书评的类型看，大体上也可以归纳为以下三种：一是介绍性质的书评。这类书评通常都比较短，对书的基本情况做一些简单介绍，让大家了解书的基本信息和核心内容。二是评价类的书评。比如说一本小说，先要介绍一下这部作品的故事梗概，之后对其特色、亮点、主要风格等进行综述，其中还会涉及对作品中的一些缺陷的评价。三是学术类的书评。它是在上述两类书评的基础上，进一步从理论的角度进行深入的探讨，从学术思想、学术地位等角度对作品的价值做出判断。这需要撰写书评的作者具备扎实的学术功底。

相比较而言，读后感的写作就比较自由。如果说书评的目标受众是他人，写作的意图主要是向他人推荐一本书，吸引大家一起来阅读的话，读后感的目标受众则是自身，是自己在阅读一本书的过程中，某些方面特别有感触，而后有感而发写成的一篇篇文章。读后感不一定要对整本书进行价值判断，只要在某些方面有感触，就可以有感而发，写出自己的心得体会。

如果说书评的基本功能是内容介绍、类型界定和作品导读的话，读后感的基本功能则是记录感受、阐述理解、寻求意义。在阅读的过程中，总会有某些地方触动自己，一边阅读一边将自己的感受和体会记录下来，其实就是撰写读后感的第一步。我们常有这样的经历：阅读过程中突然闪现的一个好念头，因为没有及时记录下来，过些日子再也找不回来了。可见及时记录新的感受的重要性。阅读整部作品之后再回过头来看记录的这些感受，会发现有些是可以组合在一起，从不同的角度说明一个观点，帮助自己进一步理解作品的；如果能够找到几个观点，就能进一步凸显作品的意义了。

读后感没有必要面面俱到。一本书中，如果有一小节内容你特别感兴趣，就可以从这一小节引申出去，阐发自己的观点和想法；你也可以将书中与自己的兴趣和职业相关的内容提取出来，就这些内容畅谈自己的感想。当然你也可以对整本书进行评论，发表自己的看法和观点。读后感比较强调的是理论联系实际，让作品与自己的生活紧密联系，有感而发。

札记也是一种常见的读书笔记类型。在阅读中，对某一句话比较感兴趣，将其记录下来，并随手附上一两句自己的感想和体会，这些内容积累起来，就是札记。

和书评、读后感相比，札记更适合刚开始写读书笔记的人用来练笔。很多人喜欢读书，但就是苦于不知道该如何写读书笔记，不妨从札记开始。在看书的过程中，遇到一些比较好的语句，就直接将其记录下来。你之所以觉得它好，一定是有原因的，这些原因也不一定要写得很完备，两三句话，意思到了即可。这样一边记录，一边写上自己的点滴感受，一点也不累，书读完了，记录的文字也就出来了。我曾在网上看到一位老师在阅读我的《读书是教师最好的修行》一书之后写的札记，洋洋洒洒记录了十多页，足有近万字的篇幅。尽管其中自己的感受不多，以摘录书中的原话为主，但对这位老师来说，读书之后的收获也会比别人大很多。

三、如何从阅读到书写

日本文学家鹿岛茂说过这样一段话："图书都是有重点的，没有必要从头到尾详读。重要的是不管篇幅多少，都要下点功夫让自己对读过的书有印象。即使只记下这本书的作者、书名、阅读时的情景或者做些摘抄都好，要坚持写读书笔记，这是最有效的读书方法。"①

---

① 奥野宣之. 如何有效阅读一本书：超实用笔记读书法［M］. 张晶晶，译. 南昌：江西人民出版社，2016：74.

如何写读书笔记呢？

首先，要在读书的过程中，对书中触动自己的文字或图片加以标识。

如果读纸质书，我会准备一支蓝色或者红色的笔夹在书中，当发现书中的哪一句话、哪一段文字对自己有所触动的时候，就会及时在这些文字的下面画上一条线，感受特别深的地方还会在书边做一些批注，将自己的感受写下来。如果认为它是一个很好的案例，还会在文字所在的书边上画上一个五角星。其实画什么符号并没有特别的规定，只要自己能够明白即可。等到书读完之后，我会将所有做了标识的部分再次阅读，同时也会结合上下文将书中相关的部分重读。重读的主要目的是看当初做了标识的部分自己是否还是认为它很有价值。那些有价值的文字，我会通过讯飞语音直接朗读将其转化为电子文档，同时将自己对这部分文字的感悟也转化成电子文档保存起来。

我读电子书主要是在微信读书平台上。在读或者听的过程中，遇到自己感兴趣的内容，可以直接用画线的方式，将书中的文字标记出来，微信读书平台会将所画线的文字以笔记的方式呈现出来，只要转到 Word 文档之中，就可以使用了。微信读书的评论功能也很方便，读到某句话有了启发和感受，直接将自己的感想书写进去，这样原来的文本和自己的感想都保存在了笔记之中。如果这句话其他读者也有感受，还可以检索到他们的感想和评论，这对拓展自己的理解和视野是很有帮助的。

奥野宣之在《如何有效阅读一本书：超实用笔记读书法》中说，他在读一本书的时候，遇到自己感兴趣的内容，就将这一页纸折角；将书读完之后，回头再看折角的页面，重读相关的内容，如果仍然觉得写得很好，就把这一页的另外一角也折起来；当把所有折过角的部分过了一遍之后，重新读一遍折了上下两个角的相关页面，如果这次阅读还是觉得有价值，就用笔在相关的文字部分画线或者做记号。这样做的目的是尽量避免过多的标识和记录，以免自己在后续整理读书笔记的过程中压力太大。然后，再读一遍自己画了线或者做了记号的文字，把最后真正无法割舍的文字摘抄下来。

其次，是做读书卡片。

读书卡片可以是纸质的，也可以是电子的，如果你平时的写作主要依赖电脑的话，还是建议你多制作电子卡片，这样既便于保存，又方便检索，更有利于信息的提取。

读书卡片通常呈现如下要素：

一是卡片的编号。你可以按照时间来编号，也可以按照类别来编号，把你自己觉得属于某一专题的卡片编在一起。

二是关键词。关键词是能恰当表达你所摘抄的内容的词语，要尽量言简意赅。

三是书中重点语句的摘抄。为了便于后续的运用和整理，在摘抄的时候要严格筛选，仅选择让自己感到心动的语句，并不是多多益善。

四是自己对摘抄的这段话的评论。在写评论的时候，尽量避免笼统概括的语言，如“好”“太美了”“我好感动”等，尽可能地用较为具体、清晰的语言表达自己的观点。如果准备公开这些文字，则越是具体、清晰的语言，越容易引起读者的共鸣。

用自己的语言来思考是非常关键的环节。正如叔本华在《论读书》中所说：“如果你觉得读书就是为了模仿别人的想法，那么这是思想上的懒惰，请丢开书本自己思考。”

五是引文的基本信息。包括作者、书名、出版社和出版年月、引文的页码等，只要按照国家规范的引文格式记录即可。

你看，这样的读书卡片不就类似于前面所介绍的札记吗？

最后，将读书卡片转化为读书笔记。

如果你觉得自己没有能力写出一篇长篇大论的读书笔记，那也没有关系，将自己所做的读书卡片中“摘抄”“评论”两部分文字整理出来，按照一定的专题或者顺序重新组合，就可以形成一份初级版的读书笔记了。

如果你觉得读书卡片中有几张卡片说的都是同一个主题，或者可以分成两到三个主题，而且每个主题都有很多的感悟和想法，那就在引用作者观点的基础上，进一步拓展你对这些问题的思考，将它们用文字记录下来，就会成为一篇有价值的读后感了。写读后感一般要注意两个要点：一是要借用作者的观点，如果把作者抛到了一边不管不顾，那就不是读后感了；二是要有自己的真情实感，自己亲身经历的或者自己感悟出来的东西，是最能打动人的。

如果通过对整本书的阅读，在读书卡片的基础上能够对这本书有比较透彻的认识，对作者本人的写作风格、主要观点等把握得比较准确，那就可以写一篇书评，对这本书和作者本人做较为全面的评价。

现在比较实用的读书笔记软件也很多，比如说印象笔记、有道云笔记、为知笔记等。印象笔记使用的人比较多，它的检索功能比较突出，还有不少嵌入的笔记模板；有道云笔记的免费版可以满足大多数人的需求，而且支持笔记导出图片，它的图片转文字的 OCR 识别的准确率还是很高的；为知笔记比较小众，使用的人不如前两者多。萝卜白菜，各有所爱，根据自己的爱好和写作习惯去尝试不同软件，总能找到一款适合自己的。

四、努力做一名学习促进者

如果以学习者所掌握的学习技能为标准，可以把学习者分为三种类型：初级学习者、高级学习者、学习促进者。

初级学习者的特征是把书本当作权威，认为学习的主要任务是从所呈现的材料中找出正确的答案，他们奉书本知识为圭臬，羡慕那些读书之后能记得住，并在相应的场合引经据典的人，他们常常为自己读了之后什么也记不住而懊恼。他们认为学习目标是否达成的标准就在于能否通过测试，学习的成果在于是否拿到证书，至于学习的内容与自己的工作或生活实际有什么直接的关联，不是他们所要关注的内容。他们追求阅读的数量，努力去读更多的书目、浏览更大量的知识，很少去思考为什么要读，所读的书籍在建构自己的知识体系方面有什么样的价值之类的问题。

高级学习者的特征是善于从对自己的现状分析出发，来思考自己的学习目标。他们会认真分析自己的知识结构，知道自己在什么地方有优势，在哪些方面存在问题，如果当前一个阶段的工作恰好需要发挥自己的优势，就会同步在这方面选择学习的内容，让优势变得更强；反之则将学习的着力点放在弱势方面，通过努力，让自己各方面实现相对均衡的发展。他们会依据自己的工作实际制订阶段的学习计划，并选择相应的书目，通常采取专题或者主题阅读的方式，在一段时间里集中学习，让自己较为全面地了解该领域的发展状况和研究前沿，帮助自己站在改革的制高点上。他们对不同类型的书籍的处理方式也有不同，对于知识类阅读，他们把书当老师；对于兴趣类阅读，他们把书当导游；对于致用类阅读，他们把书当医生……

学习促进者的特征是既会治病又会救人。所谓“治病”，指的是治自己的病，能找到自己所存在问题的内在根源，通过有效的学习设计和活动，解决自己工作和生活中的困惑，或准确地根除这些“病”。他们拥有很强的学习能力，不仅能治疗自己的“病”，还能够帮助别人，教会别人掌握某个知识或某一知识体系。他们是身边人的福音，是快速变化的社会和激烈竞争的职场中最稀缺的人才。

善于撰写读书笔记的人，往往就是学习促进者。他们能够在读书的过程中发现自身在发展上存在的短板和问题，通过读书笔记的方式将其加以归纳、梳理，提出改变的思路和方法。书写的过程，就是不断给自己理顺思路的过程，慢慢地他们自己获得了专业成长。同时，他们将写出的文章发表出去，让更多的人产生共鸣，找到成长的方向和路径，真正发挥着“一棵树摇动另一棵树，一朵云推动另一朵云，一个灵魂唤醒另一个灵魂”的作用。

第三节 如何针对某一主题写评述？

写作既是一种思考方式，也是与他人沟通表达的途径。就像现在大家都非常重视编程，编程是一种技术语言，一个人要想融入智能时代，必须要学会编程，以便和这个时代的人用相同的语言思考，用编程来表达自己的思想。写作也是如此，写出的每一段话的内容、段落之间的逻辑关系，如果能和程序一样清晰而条理，人们就容易理解，也才能实现沟通的目的。

一、人类进入写作者崛起的时代

过去，无论是出版著作、撰写新闻、发表论文或文章等，都是专业人士的事情，普通大众担任的是消费者的角色，负责消费由这些专业人士制造出来的文化产品。

如今发生了翻天覆地的变化，随着智能设备的普及、互联网的提速和文字输入软件的便捷，写作也变得更加便捷，大量的读者从过去被动的“唯读文化”模式，进入主动参与的“读写文化”模式。人人都是麦克风，人人都是自媒体，是这个时代最为生动的写照。人们写出的文章，不用经过编辑的审查和修改，只需点击一下发送键，就可以传播到网络上。那些喜欢写文章的人，可以不停地将自己的想法和思考传送到网络上，与更多的人进行互动和交流，只要文章写得精彩，就会获得读者的点赞甚至奖励。想写就写，想发就发，一些新的写作风格和话语体系也不断地被创造出来。现在，人们写作不是为了接受某种评价，而是为了沟通、娱乐、游说，或是为了赢得他人的注意。

作为教师，也不可避免地要走进写作者崛起的时代。每个教师都会有多个微信朋友群，有同学群，有所带班级的家长群，有某项工作团队的群，等等，在微信群里总要时不时地发表一下自己的观点，虽然也可以通过语音直接将自己的话语推送给大家，但比较常见的还是写上一段文字发送出去。在不经意间，每个教师都已经成为一个写作者，如果留意一下，并注意保存自己发送的信息，就会发现每个学期发表在各种自媒体中的文字数量也是相当可观的。

无论是同学、朋友之间通过智能设备聊天，还是工作上沟通交流，或者是家长群中就某一问题为家长答疑解惑，都需要教师首先理解所面对的事物的复杂性，能够对其中所蕴含的信息进行消化和整理，再加上自己的观点，以逻辑条理的方式，一字一句、一段一段精准地用文字传达出来，以达到帮助他人理解、实现有效沟通或者恰当地说服他人的效果。那种不假思索、随意写出来的文字，经常会出现逻辑混乱、不知所云的状况，让对方搞不清楚你到底想说什么。如果太过随意，还有可能出现让对方产生误解的文字，给沟通交流带来障碍。写作，不仅可以提升一个人的阅读能力，还能培养其逻辑思维及材料组织能力，最终通过知识的积累，实现全面素质综合提升的目的。会写作的人，无论是知识体系还是个人条理性都略胜他人一筹。

今天的学生和家长已经成为“读写文化”新模式的实践者，教师也不能被动地去消费、阅读这些文化产品，要成为主动积极、深度思考的写作者。每位教师都应该成为网络新媒体中的“段子高手”，要有意识地提高自己的写作本领，来引领这一“读写文化”新模式向好的方向发展，并在写作过程中为自己建立更多的正面联结，努力开拓自己人生的新疆域。

利用自媒体写作和他人进行沟通交流，通常文章的内容都不会很长，这更需要教师反复推敲，力求让自己发出去的文字表述清晰、逻辑严谨、主旨突出。

在上一节中，曾提到读书卡片的写作，其中的第四个环节，就是依据书中作者的某一观点或者某一段话，写出自己的评述。这样的评述通常都不会很长，是教师练习写作非常好的载体。下面给大家提供两种写评述可以用到的方法：鱼骨写作法和九宫格写作法。借助这样的方法，可以让自己的写作更加高效和有质量。

二、鱼骨写作法

高尔基说过："我在提笔写之前，总要给自己提出三个问题：我想写什么，如何写，以及怎么写。"高尔基提出的这三个问题，每一个写作者都会遇到。写作并不是率性而为的行为，写作的过程很像建造房子，在开建之前要有详细的设计图纸，房子还没有启动建造，它已经在设计师的脑海中成型了，写作也是如此。

写文章的时候，经常会有两类烦恼。一类烦恼是想写的东西太多，这个方面写一下，那个方面写一下，写出的文字不少，但到底想要表达什么却不是很清晰；另一类是对着屏幕干瞪眼，什么也写不出来。这两类烦恼都与没有把高尔基所说的三个问题想清楚有关。而鱼骨写作法就是解决这些烦恼的一种写作技巧。

1. **鱼骨写作的技巧**

想想多宝鱼的样子，头部很精巧，尾巴虽然小但却显力量，蒸熟的多宝鱼鱼肉和鱼骨头是很容易分离的，在你吃完了鱼肉之后，能够留下来一副完整的鱼骨架，鱼头连着鱼的脊椎骨，脊椎骨的两侧是一根根的小骨头。看着这个鱼骨架，就能大致想象出这条鱼活着时候的样子。

写文章，先要把文章的骨架搭起来，鱼骨写作法要解决的就是这个问题。洪震宇在《精准写作：20 堂写作思考力训练课》一书中，对鱼骨写作法进行了描述。鱼头就是主题句、摘要句，让读者读了之后能够预测出接下来的文章会在哪几个方面着力。鱼头之后紧连着鱼的脊椎骨就是这篇文章的主题，鱼肉就是沿着鱼的小骨头出的内容，是支持主题的细节，鱼尾就是这段文章的结论。

我在联合国教科文组织 2014 年发布的第 11 次《全民教育全球监测报告》

中看到了这样一句话："尽管儿童的入学人数有所增长，但大约2.5亿儿童不能很好地阅读、写作和计算。"这引起了我对阅读障碍的关注。如果以"阅读障碍的类型和产生缘由"为主题写一篇小文章，用鱼骨写作法该如何完成呢？

这篇文章的核心观点即阅读障碍是导致一些学生学习困难的缘由。可以将这句话放在文章的开头，也就是鱼头的位置；这篇文章的主题是阅读障碍产生的缘由，是由鱼的脊椎骨所承载的；由于不同类型的阅读障碍产生的缘由不同，所以还要对阅读障碍的类型进行分析，此即鱼的小骨头；在分析阅读障碍类型的时候，可以将导致阅读障碍的各种原因做一罗列，这就是鱼肉；最后对如何改进学生的学习提出对策和建议，形成结论，此即鱼尾。

下面是依据这一主题搜索到的相关资料。根据世界卫生组织和一些国家对少年儿童阅读心理和生理机制等的研究数据表明，全球有7%—10%的儿童存在不同程度和类型的阅读障碍。阅读障碍的形成机制复杂，涉及语言学、认知心理学、神经生理学、精神发育和遗传学等诸多领域，国外近年来通过核磁共振成像等技术还发现，正常儿童和有阅读障碍的儿童左右脑的发育有较为明显的差异，相关脑区的激活程度也有所不同。相关研究还表明，有两类主要因素导致儿童的阅读障碍，第一类是生理原因，是孩子的基因导致的，从世界范围来看，5%有阅读障碍的孩子属于此类；第二类是环境原因，例如阅读教育不到位，使孩子出现阅读问题，从世界范围来看，这样的孩子占到90%。有阅读障碍的儿童学业成绩普遍会受到影响，并极易受到各种误解（如粗心、贪玩、愚笨、懒惰、不爱读书等）和简单甚至粗暴的对待，造成心理伤害，产生自卑或逆反心理等。

根据鱼骨写作法，结合上述资料，可以完成如下一篇小文。

儿童的学习困难与阅读障碍有关

阅读障碍是导致一些儿童学习困难的缘由。全球有7%—10%的儿童存在不同程度和类型的阅读障碍，其中有5%的儿童是因为生理原因导致的，有

90%的儿童是由于学习环境不理想、阅读教育不到位而导致的。阅读障碍的问题还没有引起教育界、家长和教师的普遍关注，对阅读障碍的测评更是不被重视，这使得很多儿童失去了矫正、改进学习的机会，还被戴上了诸如粗心、贪玩、愚笨、懒惰、不爱读书等“帽子”。制订科学的评价量表，对不同类型儿童的阅读障碍进行甄别，是践行“为了每一个儿童的健康成长”教育理念的重要工作。通过分类，对因生理导致阅读障碍的儿童进行医学干预，对因环境问题导致阅读障碍的儿童进行教学干预，相信能有效改善这些儿童的阅读素养，提升他们的学习品质。

标题是文章的眼睛。标题要简明扼要，用简短的一句话说明自己想要表达的主旨，这也是是否吸引读者的关键所在。如果标题能够直击读者的生活或工作体验，回应他的相关痛点，那就会产生吸引力，开启读者的阅读。很多时候，作者是在写完一段文章后，才反复斟酌这段话的主旨并拟定标题的，但读者则是从标题开始了解这篇文章的，如果标题不能吸引他产生阅读兴趣，要让读者往下仔细读就困难了。

观点起源于自己对所要研究事物的观察。一般情况下，观察可以从三个层面展开。一是宏观层面，在尽可能广阔的视野范围内了解事物的概况，上文中在全球范围内阅读障碍者的数据分析就属于此类观察。二是中观层面，从尽可能多的视角对所研究的事物收集多样化的信息，观察的视角越多元，最后筛选聚焦的观点便会越独特越丰富，越不容易受到本位思考的局限。我在上文中就从教育者不重视、测评理论和实践滞后、有阅读障碍的孩子被贴上了标签等几个维度提供了思考的素材。三是微观层面，即在综观全局分析不同角度之后找到的关键点，将其提炼为本文的观点。宏观和中观层面的分析，进一步佐证了“阅读障碍是导致一些儿童学习困难的缘由”的观点，在此基础上，我提出了“测评—分类干预—提升阅读素养”的解决路径，这也是鱼尾要做的事情。

2. **鱼骨写作的步骤**

用鱼骨写作法写文章，就是先给文章搭建起一个类似鱼骨的框架，鱼头和鱼的脊椎骨用来确定要写什么主题，以及写作的主线是什么。篇幅较短的小文章可以这样写，篇幅较长的文章用鱼骨写作法来撰写也没有问题。比如说讨论课堂教学的若干技巧这一话题，注定就是一篇篇幅不短的文章。

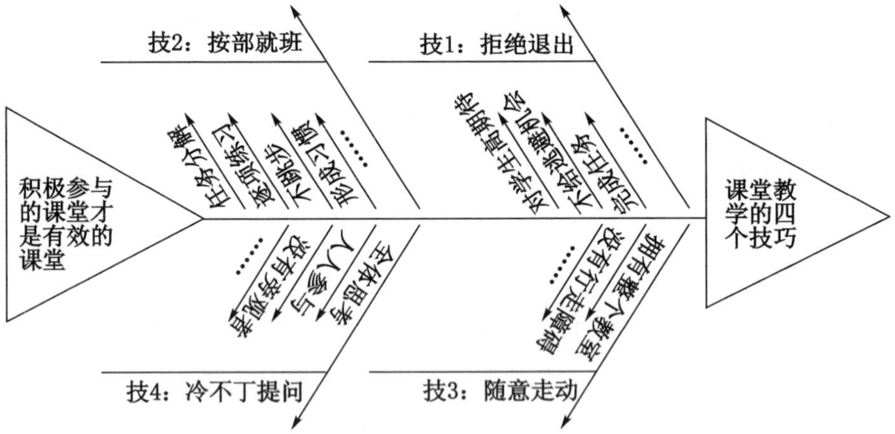

课堂教学的四个技巧鱼骨图

如果鱼头是课堂教学的四个技巧，那么文章的主线就是要给读者讲述课堂教学的四个不同的技巧。鱼的脊椎骨两侧的小骨头表明了写这篇文章需要表达的重要观点，如课堂教学的第一个技巧：拒绝退出；第二个技巧：按部就班；第三个技巧：随意走动；第四个技巧：冷不丁提问。有了这样的框架之后，接下来就是找寻支撑各个技巧的论据、方法等，以及通过鱼肉进行各种细节的描述，填充相关的内容。最后以鱼尾作为文章的收尾，写出相关的结论。

为了让自己的思考更加生动和直观，在谋篇布局的时候，要将鱼骨图画出来。还是以课堂教学的四个技巧为例，在画鱼骨图时大致可以分为四个步骤：第一步，先画出鱼头，在鱼头的三角形内写上要研究的主题。第二步，画出鱼的脊椎骨，然后依次画出代表四个技巧的小骨头。将四个技巧的核心词语写在图中，然后再进一步思考要从几个角度来阐述这些技巧及需要特别提到的点或者关键词。如果有故事或者案例，也需要在图上相关的位置标示出来，以便后面使用。第三步，归纳这四个技巧，并形成相应的结论。在鱼骨图上画出鱼尾三角形，将结论写在其中。第四步，根据主题和小骨头所示的四个技巧，思考行文的顺序和逻辑，整理出文章的大纲。最后只需要在每一个部分进一步补充完善细节，就可以成文了。

三、九宫格写作法

撰写长篇大论的文章，无论对谁来说都是一件费力气的事情，我们还是回到短文的写作上来。如果对某件事情感兴趣、被某位名家所说的一句话所触动，由此写一段感想，应该不是难事吧？鸿篇巨制也是由一段段有内在联系的文字组合起来的，如果平时养成写短文的习惯，勤动笔、多练习，时间久了，文章也就越写越长、越写越有风采了。

1. 利用九宫格搜集素材

九宫格原是一款数学游戏，据说起源于河图洛书。近年来，人们将其拓展到了写作领域，用来帮助那些不擅长写作的人们提升写作的技能和水平。山口拓朗的《九宫格写作法》一书，就是其中的代表作之一。

九宫格实际上是一个发散思维的工具。当一件事情触动了你，让你有了想表达的冲动，不妨将这个主题置于九宫格的中心位置，然后进行发散思维，看在这个主题之下你能联想到什么，然后逐个将所联想到的信息或问题在周围的空格中写下来。你可以尽可能多地联想，不要受周围空格数量的影响，如果信息或者问题较多，可以将其变成十二宫格、十六宫格等。

比方说，有一天我在读书的时候，看到作者提到了“蔡格尼克效应”，但只是很简单地说了一下，我觉得好奇，想搞明白这个心理学效应的具体内涵和实际运用，就以此为主题创设了一个九宫格，如下图所示。

蔡格尼克是谁？	蔡格尼克是做什么的？	蔡格尼克效应指的是什么？
这是一种模式吗？	蔡格尼克效应	有实证研究吗？
在工作或生活中有无具体的应用？	与我的教育教学工作有什么关系？	有没有什么负效应？

依据主题给九宫格中的空格填写问题是需要有一定的规范的，不能太过随意。这些问题通常分为两大类：一类叫基础问题，主要是为了搜集与主题相关的基本素材，是针对具体的事实提问的，针对基础问题的答案都是确定的，是缺乏趣味性的。如果九宫格中所提的问题都是基础问题，那么由这些问题组成的文章就缺乏生动性，读起来会比较生硬，干巴巴的。另一类叫“铲子”问题，是为了对主题做更加具体、更加深入的了解而延伸出去的问题，铲子问题往往加入了自己的感受和体验，会因为个人看问题的角度或感受不同而产生较大的差异。当你觉得这个主题很有价值的时候，应该像铲子挖土一样将话题往深处拓展。丰富且具体的素材既能增加文章的长度，也能拓展它的深度，甚至可以说铲子问题的答案决定了文章的好坏。

所提问题的质量，对要搜集的素材有着很大的影响。笼统的问题只能得到笼统的回答，具体的问题则能获得具体的答复。要想让自己写出来的文章内容翔实、生动活泼，首先就要在问题的具体化上下功夫。

2. **依据问题整理信息**

根据所提出的问题找寻相关素材，然后将这些素材加以整理，变成有价值的信息（问题的答案），填入九宫格。

用于回答的信息大致可分为两类，一类是与自身相关的“内部信息”，另一类则是自身以外的“外部信息”。内部信息就是自己对所关心的主题的感受、想法等。这些内部信息只有自己最清楚，因此需要好好地构思，用尽可能精细的语言来表达，避免使用那种笼统的、模糊的感叹语，让人读了之后摸不着头脑。外部信息需要通过相关的渠道去获取，比如说网络搜索引擎、知网等检索平台、相关的书籍和杂志、新闻报道、该领域专家的观点等，获取外部信息的渠道越多，所搜集的素材就会越全面，在整理这类信息时就会少犯错误，从而提升信息的有效性。

自身经验也是收集信息的一个重要渠道，毕竟对生活的点滴感悟本就是重要的信息收集。自身经验是别人无法迈入的神圣之地，这里有很多别人写不了的素材，从这里找寻的素材往往能够吸引读者的眼球。即便自己是一位教师，长期从事教育工作，但如果讨论“中国的教育改革”“区域的教育评价体系”这样的话题，就需要有非常高的站位、有丰富的教育经验来支撑，在这方面，肯定不如长期从事教育政策研究、教育改革设计的专家在行。基于自身经验的素材和信息，往往非常鲜活和生动，容易打动读者。

整理每个问题的信息的过程，其实就是写作的过程。要让问题的答案容易理解，在写作的时候需要遵循如下几个原则：一是文字要简单，读起来不费力；二是要简短，语句不要太长，整个问题的回答不要太复杂，以方便读者记忆；三是要具体，尽量少用专业的、抽象的语言，通俗的、具体的语言更有利于读者与自身的经验相联系，有利于读者产生共鸣。

在写作的时候，还要树立自己是在“给读者送去一份礼物”的意识，心中要对这段文字是写给什么样的群体有比较清晰的定位。如果你在和别人聊天的时候居高临下，总想用自己的气势去压制对方，那么这个谈话就很难进行下去。写作也是如此，你不能觉得自己站位很高，可以将你所知道的内容一股脑儿地倾倒给读者，而是要像对待朋友那样和对方娓娓而谈，这样才能了解到读者的真实想法，并准确把握他们的需求。给读者送去的一份礼物中也包含这种平等待人的姿态。

我们常说“好记性不如烂笔头”，对某一主题思考得再深入，也可能仅仅只聚焦在了某几个方向，而将与该主题相关的其他方面的信息给忽略了。九宫格就好比接收信息的天线，你只需把所关心的问题填入其中，与之相关的信息便会一个接一个地被全部接收，可以帮助写作者更加全面地思考所关心的主题。

3. 将问题的答案组合成文

将九宫格中每个问题组合起来，使之成为一篇文章，既需要注意问题之间的逻辑关系，又需要依据一定的格式来写作。

写作要有逻辑，其最直接的体现就是有条理。聊天的时候，除了语言之外，还可以借助表情、语气以及动作来辅助表达，但写作则不行，读者和你不在同一个时空，需要你通过文字，给他们提供一个明晰的地图，读者按照你的这份导引能够顺利地从起点读到终点，就说明这篇文章条理清晰、逻辑性强。

按照一定的格式来写作，可以让自己写起文章来轻松又自如。常见的文章格式有以下几种：

一是结论优先的写作格式，也就是按照“结论是什么—得出这个结论的理由或根据是什么—给出具体的例子—对这篇文章进行总结”的顺序依次来展开写作。只要从九宫格的问题中找到对应的答案，然后依次将它们组合起来即可。

案例：

借助蔡格尼克效应教学，有助于提升教学效果。

人天生有一种办事有始有终的驱动力，如果一件事情没有做完，就会一直牵挂着，这个任务也会占据人们的短期记忆，直到它们被完成为止。蔡格尼克效应所揭示的这个心理机制，可以运用在教学过程中。

如果教师在给学生布置作业的时候多设计一些长作业，让学生用一周、一个月甚至更长的时间来完成，这些作业因为长期被学生所牵挂，相应的知识和概念也就会反复出现，使学生自动复习巩固。

所以巧妙运用蔡格尼克效应，有利于提高学生的学习质量和教师的教学质量。

我有意将上述这篇文章分成四段，是为了便于大家更好地理解结论优先的写作格式是如何进行的，也便于大家对照九宫格中的问题体会写作中的逻辑关系。结论优先的写作格式很常见，大家在平时阅读文章的时候，只要稍微注意一下就能发现。

二是列举式的写作格式，也就是在文章的开头开门见山地点明文章所要列举的信息的数量，比如说喜爱某事的 5 个理由、写作的 3 个技巧等，然后逐条进行组合。这些信息从不同的角度说明了文章的主题，组合在一起使得主题更加突出。

案例：

人们对于尚未处理完的事情会有较强烈的去完成它的动机，对这件事情的记忆也会较为深刻，这就是蔡格尼克效应。将其巧妙运用在生活或工作中，可以产生意想不到的效果，下面举三个事例加以说明。

在谈恋爱的时候，不要让对方的各种要求轻易地得到满足，适当地延时满足，会让对方更加在意自己；凡事留一半，会让对方对自己有一份神秘感和好奇心；自己不要太主动，给对方一些机会，对方探究你的心理就会更加迫切。

和别人发生矛盾时，要想尽办法让矛盾尽可能在当时就得到化解，双方尽可能达成共识。因为达成共识意味着这件事情已经结束，前面的争吵或矛盾会很快被遗忘。

教师在布置作业时，不妨多设计一些长作业，让学生用一周、一个月甚至更长的时间来完成，这些作业因为周期长，会被学生时常牵挂，相应的知识和概念也就会反复出现，使学生自动复习巩固。

你看，无论在工作、生活还是学习中，蔡格尼克效应都可以助我们一臂之力，让我们享受更多成长的喜悦。

三是故事性的写作格式。整个世界就是一棵故事树，我们都是讲故事的人，人们都是在听故事、讲故事的过程中逐渐成长起来的。人们对故事有着天然的亲和力和理解力，故事里的那些感官上的、情感上的细节，会将读者的情感紧紧吸引住，让读者把情感投入其中，并由此改善读者的情绪状态。故事也是具有生命力的，那些有趣的、精彩的情节，可以帮助人们更好地传递知识、增进理解、促进记忆。

案例：

你到餐馆里吃饭，看到服务员忙忙碌碌，虽然没有把菜单写下来，但却不会把你所点的菜搞混淆，是否会被服务员这超强的记忆力所折服？

20 世纪 20 年代的一天，心理学家布卢玛·蔡格尼克和同事们一起去吃午饭，看到服务员不需要做任何记录就能准确地记住谁点了什么菜，这件事给她留下了非常深刻的印象。但令她更加惊讶的是，当她返回餐厅拿她留在那里的外套时，几分钟前她还很崇拜的拥有超强记忆力的服务员却不认识她了。

蔡格尼克对此很不解，就去询问此事。服务员解释说，他们服务员都能够记住哪位顾客点了哪些饭菜，但在客人们离开餐厅的那一瞬间，他们就把这些全都忘掉，然后把注意力转移到下一拨顾客身上。蔡格尼克由此发现了现在被称为蔡格尼克效应的现象，即人们对于尚未处理完的事情，比已处理完成的事情记忆更加深刻。

你看，一个生活中习以为常的现象，如果留意观察并深入思考，或许就能从中发现有价值的规律。

只要是故事，就会有冲突，有冲突就会导致人内心的波动或纠结，就会让读者产生悬念，关心接下来会如何。在这个小故事中，服务员记住菜谱是让蔡格尼克惊奇的事情，但当蔡格尼克再回去拿衣服的时候，发现有着神奇记忆力的服务员竟然不记得自己了，这就产生了一个冲突的情境。故事的动力就来自为何纠结，以及如何解决的过程。

写作的格式很多，最常见的就是上述三种。人们在写作的时候也常将上述三种格式组合起来使用，让文章更加生动有趣。

上述针对某一话题简短评述的方法，不仅适用于读书卡片的书写，对工作和生活中的各种说明文、各类事项的评述、某项工作的归纳总结等，也都是适合的。

第四节 如何写读书笔记？

评述类的文章，大多是就事论事，针对某一观点或事件提出自己的观点，并从不同的角度加以论述，以短小精悍为特色，有了鱼骨写作法、九宫格写作法等的帮助，写作起来难度不会很大。如果要针对一本书写读书笔记，或者是对自己的某项教育教学研究撰写研究报告等，其写作的复杂程度要高很多。针对这类文本的写作，不妨借鉴“卢曼卡片盒笔记法”。

一、卢曼其人

或许你此前并没有听到过卢曼这个人，这里先向大家做一些简单的介绍。相信随着你接下来的阅读，也会对卢曼卡片盒笔记法有更多的期待。

尼克拉斯·卢曼，1927 年 12 月出生于德国的吕讷堡，他的父亲是一个酿酒师。1944 年，年仅 17 岁的卢曼不得已从军服役，次年被盟军所俘，这段战俘的经历使他后来决心从事社会学的研究。

但要将理想变成现实并不是一件容易的事情。战后，他返回吕讷堡继续学习并找到了公共行政法律事务方面的工作。尽管他喜爱自己的工作，但年复一年例行公事的工作特点还是让他日渐不满，他发现自己并不适合这种常规性的行政职业。于是，1960 年，他利用休假的机会到哈佛大学去深造了一年，回来之后转到斯派尔公共行政学院的一个研究所工作，这个研究所给了他研究上的方便和极大的独立性，让他可以在自己感兴趣的学术领域做深入的研究。

卢曼在开展学术研究时，也像大多数人那样，非常认真地记笔记，在文本的空白处写评论，或者按主题收集手写笔记，但过了一段时间，他意识到自己的笔记没有任何意义。这些记录下来的笔记非常零散，等到想用的时候，要想找到它们非常不容易。于是他改变了自己做笔记的方式，将笔记写在小卡片上，在卡片的边角处做好编号，然后按照卡片内容的相关性，将它们有序地收集到卡片盒中，并且经常思考如何让笔记建立联系。在卢曼的卡片盒里，一个个原本孤立的想法渐渐变成了想法集群，并衍生出更多系统性的思想。卢曼卡片盒笔记法就此诞生。

卢曼利用这种笔记法整理了自己对社会学方面的思考，形成了一篇有分量的文稿，并将其交给了当时德国知名的社会学家赫尔蒙特·谢尔斯基，得到了他的肯定和赞赏。当时，赫尔蒙特·谢尔斯基正在参与一所新的“改革大学”的创建，于是邀请卢曼于 1965 年到多特蒙德与他一起工作。但卢曼既没有写过德语国家教授资格的论文，也没有相应的学历，根本就没有资格去大学做社会学的教授。

卢曼为了从事社会学的研究，利用自己的卡片盒笔记法开始学习，仅仅用了一年的时间，他就学完了相关的社会学课程，并完成了一篇博士学位论文和一篇德语国家教授资格论文，于 1966 年获得了博士学位以及在明斯特大学的教职。自 1968 年起，尼克拉斯·卢曼在新建的比勒费尔德改革大学成为第一名得到正式命名的教授，并一直工作至 1993 年退休。他是 20 世纪德国重要的社会学家。

在德国的高校有这样一个传统，每位获得教职的教授都要做一个公开演讲，告诉大家自己今后将要研究的方向。在明斯特，卢曼发表了题为“社会学启蒙”的就职演说，简洁明了地告诉大家他研究的项目是社会理论学，研究时间是 30 年，研究经费为 0。在社会学领域，“社会理论学”是所有社会学项目之母。29 年之后，卢曼写完了两卷本《社会的社会》的最后一章，书出版后整个学术界为之震动。

卢曼不仅是一位知名的社会学家，还是一位多产的作家。他一生积累了

9 万张知识卡片，并在卢曼卡片盒笔记法的帮助下，先后出版了 58 本著作，在报纸杂志上发表了 600 篇文章。另外，在他的遗产中还有 150 份未完成的手稿，其中一份稿件的长度甚至超过了 1000 页。

二、卢曼的卡片盒笔记系统

卢曼卡片盒笔记法的基础是一张张的卡片。那么他制作的卡片和由编号、关键词、重点语句摘抄、自己的想法与评述、索引等五个基本要素组成的读书卡片有什么不同呢？卢曼的这些卡片是如何在写作和思考等方面发挥其价值的呢？

先说卢曼制作的卡片。

卢曼制作的卡片和五要素的读书卡片很相似，但也有自己的特色。卢曼的卡片通常由三个要素组成：一是编号，依据笔记的核心内容和关键词，为每一张卡片制作独一无二的编号，保证在检索的时候能够非常方便地找到它。二是正文，无论是在阅读的时候有所感悟，或者是在思考的时候有所得，都可以在卡片上记录下来，但要用自己的语言书写，体现自己对某一事情的看法和观点。如果能够提炼出这段笔记的关键词是最好的，暂时提炼不出来也没有关系。三是参考文献。如果正文是借鉴了他人的文章、观点，经过自己的思考加工而成的，那就要在这条笔记的后面写上信息的来源。如果是自己思考所得，则这一部分留白。

换句话说，卢曼的卡片记录的是自己的思考、自己对一件事情的想法、自己的灵光乍现等。如果在读书时看到了一段话非常触动你，不要简单地将其摘抄下来，要通过自己的语言将自己的想法和感受表达出来。如果在工作和生活中突然有了一个新奇的想法，也要及时地将它记录下来，然后尽快整理到卡片笔记中来。很多人不喜欢做卡片笔记，一个很主要的原因就在于写不出来。在书上读了一段话很受启发，也做了标记甚至批注，但比较困难的是不太容易用自己的语言将其重新组织，并言简意赅地表达出来。写不出来，说明自己对这件事情的思考还不是很透彻。清晰流畅且富有逻辑地书写出来，是训练自己逻辑思维能力的好方法。

再说卢曼的卡片盒笔记系统。

仅做出一张张的卡片笔记还不够，关键是如何对这些卡片进行组织和管理，让其发挥应有的作用。卢曼的卡片盒笔记系统就是这样的一个卡片笔记管理系统，同时也是一款个性化的、用于思考和写作的工具。它非常强调笔记之间的连接关系，努力把自己的那些具有内在联系的想法、思考、灵感等，组成一个思想之网，有点类似超文本的特点。

这个系统是如何进行笔记管理的呢？

首先，做好卡片的编号。当你写下第一张卡片笔记的时候，为其编号 1。然后，你又有了第二张卡片笔记，如果该笔记与第一张卡片笔记无关，为其编号 2；如果与编号 1 的卡片有关，那就要为其编号 1a。后面再来新的卡片，以此类推。

如果再来的卡片笔记与编号 1 的卡片有关，但与编号 1a 的卡片关系不大，那就说明这张卡片笔记和编号 1a 的卡片是并列关系，将其编号为 1b；反之，如果这张卡片笔记是对编号 1a 的卡片的补充或评论，那就将其编号为 1a1。

很多时候，卡片笔记之间的联系并不是单一的，它可能与多个卡片笔记之间都有关联，这就需要先确定一个基本的编号，然后再对相关联的卡片做反向连接。比如说在编号 23 的卡片上写上“接 15a、5a2b……”慢慢地，一个网状结构就建立起来了。

只要你开了头，写出了第一张卡片笔记，后面的卡片笔记的编号就会依次跟进。对于那些具有内在联系的卡片笔记，在编号的过程中遵循的基本原则是交替使用数字和字母。

这样过了一段时间之后，你或许就会发现，在编号为 5 的卡片后面，出现了 5a、5b、5c、5d 等与该主题相关的若干个观点；在每一个观点后面，又会出现如 5a1、5a2、5a3 等与证据、知识、论点等相关的笔记；而这些笔记的后面，还有进一步编号的笔记，如 5a1a、5a1b、5a1c……以及 5a1a1、5a1a2、

5a1a3……有了这样的一组笔记内容之后，你要想写一篇文章，是不是就会方便很多？

也因为每写一张新的卡片笔记，都要将其放置到合适的位置，给它一个独一无二的编号，这就迫使自己要经常不断地整理笔记，对已有的笔记内容进行反复查看和推敲，以便在对新的笔记编号的时候尽量方向准确。对已经书写的笔记不断回顾和复习的过程也在无形中增强了记忆，加深了相关笔记之间的联结。

在学习和写作的时候，我们经常会感慨自己的记忆力差，很多事情记不起来。之所以会出现这样的情况，很可能与我们没有把正在学习的知识同已经知道的知识联系起来有关。卢曼的卡片盒笔记系统，是帮助人们建立知识之间相互联系的好工具。

其次，笔记的正文要简洁明了。每一条笔记仅仅写一个观点、一个术语、一个案例、一个想法，不要把多个想法混杂在一起。如果你发现自己突然冒出了好几个想法，那就用多条笔记来呈现。

把自己的想法作为笔记的基本单位，是卢曼卡片盒笔记法的精髓所在。人的思维是由一个个的想法组合而成的，但在平时，读者无论是阅读和还是在网上检索，看到的都是一页页的文字或者一个个的网络页面。作者会将他的作品按照篇章、段落一步步地推送给你。你所看到的都是文章的具体内容，这些文章的主题思想，其中一些段落的核心观点等，都没有表达出来，它们可能分布在整篇文章中，也可能隐藏在具体的文字中，需要读者在字里行间去慢慢品味。

卢曼的卡片盒笔记和一般文章的区别就在于，每一条笔记就是一个想法，只要将这些笔记连接起来，就可以构建起一张思想之网。它不光是为了管理笔记、帮助写作，更是一种帮助人们思维的工具。这些用自己的语言建立起来的卡片笔记系统所创造的是一种仅属于自己的知识体系，在相互之间建立联系方面具有天然的优势。一张张笔记所记录的过去的思考，可以在某一主题下发散开来，引发更多、更深层次的联系，这是单凭自己的记忆来思考问题完全做不到的。

再次，发挥参考文献的作用。在卡片笔记上将参考文献的出处标记清楚，有两个方面的价值。一是当自己发现同一个想法在不同的文献中表述不一致的时候，需要按图索骥，通过参考文献再次回到原始的书籍、杂志中，对自己的引用进行辨析，判断是自己在转述的过程中出了问题，还是不同作者对此事抱持不同的观点。这样对卡片笔记重新回顾的过程，也是对所学的相关知识进一步提炼的过程。二是在写作的时候，如果自己只是换了一种说法将原作者的思想观点进行了表述，并没有创新和发展，那就需要在文中注明该思想观点的出处。有了卡片笔记中参考文献的记录，你就没有必要再翻来覆去地在书籍报刊中找寻作者的观点在何处了。

从本质上讲，卢曼的卡片盒笔记法不是一种“技巧”，而是一个“系统”，是一种存储和组织知识、扩展记忆以及生成新链接和想法的系统。简单来说，就是把自己感兴趣或者将来可能会用到的知识收集起来，然后用一种标准化的方式去处理这些笔记，建立笔记之间的联系。平时经常性地查阅这些具有联系的卡片笔记所呈现的信息，有意识地补充自己想进一步了解的信息，通过一张思维之网将相关的内容整合起来，为文章的撰写奠定基础。

三、卡片笔记的类型

我平时就有记笔记的习惯，在工作期间记录了数十本厚厚的笔记，但平时却很少将这些已经记录的文字翻出来做进一步的思考。那些当时让自己非常有感触的想法和文字，慢慢地就被锁在了笔记的深宫之中。时不时也会有从这些笔记中挖掘一些素材的想法，但看着这些堆积起来厚厚的一摞笔记本，原本燃烧着的激情很快就消退了。

通过对卢曼卡片盒笔记法的学习，我意识到自己在记笔记的时候存在着一些误区。无论是听专家的报告还是自己阅读，所做的笔记有几个特点：一是摘抄他人的原话比较多，自己的观点很少；二是总担心会漏掉一些精彩的语句，在记笔记的时候面面俱到，一份笔记中包含的信息太多，仍属于大杂烩般的信息堆砌；三是只关心自己最近一段时间研究的专题，与之相关的笔记记了很多，与之无关的很少记录，导致不少有价值的信息被忽略掉了。当过后自己发现这些信息的价值，再想找回的时候，已经不可能了。

那么，如何改变原有记笔记的习惯，让笔记发挥更大的作用呢？在德国作家申克·阿伦斯所著的《卡片笔记写作法：如何实现从阅读到写作》一书中，向读者详细介绍了卡片笔记的几种类型。

1. **闪念笔记**

就是用来记录自己脑海中那些灵光乍现的想法、在阅读的时候让你忽然之间产生共鸣的知识点之类的笔记。

有记笔记习惯的人，身边总会带着便利贴之类的方便记录的小工具。现在更方便了，可以利用手机的拍照、录音、文字书写等功能，及时地将自己的想法记录下来。如果你在餐厅吃饭，突然有了一个想法，但手边没有其他的工具，那么餐巾纸也可以啊，虽然书写不是很方便，但简要记录一下自己的想法应该是没有问题的。

闪念笔记不需要专门的卡片，不用刻意思考，也无须讲究文采，关键是要将自己当时的感想或灵感记录下来。我们都有这样的体会，那些没有及时被记录下来的思想火花，大多数从此再也没有出现过。

2. **文献笔记**

顾名思义，就是在阅读专著、学术文章的过程中，及时记录下来那些你不想忘记的内容，或者你认为有可能会在自己的思考或写作中使用的内容。

前面已经多次提到，卡片笔记不主张对引文进行原封不动的摘录，需要在真正理解原文的含义之后，用自己的话语言简意赅地转述作者的观点。文献笔记要非常简短，精心选择，转述的基本要求是不改变作者原来的想法。这也是考查读者是否真正理解作者的一个方面，只有在透彻理解的基础上转述才能真实无误地表达原意。

做文献笔记时，引文的相关信息如作者、书名或文章名、出版社或刊载的报刊、出版的时间、页码或者版面等要非常仔细地记录下来，以便后续检索和调用。

3. **永久笔记**

每天记录的闪念笔记和文献笔记，需要抓紧时间对其做进一步的回顾、整理与思考。要按照上文所说的一条笔记一个想法的原则，用尽可能精确、清晰和简短的语言来重新编写卡片笔记，按照卡片笔记的规范要求完成各项任务，将其转化为后续创作素材的永久笔记。

每一张永久笔记都要经过思考与精心设计。要认真分析新写出来的卡片笔记与原有的笔记所承载的信息是否存在矛盾之处，是否能够相互印证或互为补充，是否能把已有的一些想法结合起来，促进新的想法的生成，这些新的想法又会带来什么样的问题，等等。也就是说，每在卡片盒中增加一张新的永久笔记，都需要对原有笔记做一番梳理，以保证新加入的笔记处在思维之网的合适位置。

对永久笔记需要有固定的存放地，且有统一的标准和格式，以便后续的检索和查阅。纸质卡片笔记的存储当然是卡片盒了，数字版的笔记，可用专门的卡片笔记软件帮助我们存储和管理，比如说卡片盒笔记就是一款真正实现了卢曼卡片盒写作法原理的卡片写作软件，而且免费、易用、跨平台；还有 Roam research，也是一款非常好用的卡片管理软件。这些软件不仅可以帮助大家做笔记，而且还借鉴了认知科学的相关成果，通过知识组块的方式来归类同一知识群的卡片，通过组块之间的联系提高记忆的效率。

永久笔记制作完成之后，文献笔记可以单独放到一个盒子中保存起来，以备后续研究使用。原来记录下来的闪念笔记的使命已经完成，可以将其销毁了。在整理闪念笔记的过程中会出现这样的情况，当时被记录下来的部分闪念笔记不知道该如何对其进行进一步的梳理，那就意味着这样的闪念笔记对自己来说是无关紧要的，可以直接将其删去。

将传统的记笔记的方式和卢曼的永久笔记进行比较，就会发现：传统的笔记系统是为了找到你意图搜索的东西，它会让你的大脑疲于回忆；而卢曼卡片盒笔记系统则是为了给你呈现你已经忘记的想法，让你的大脑专注于思考。

四、利用卢曼卡片盒笔记法进行写作

前面提到，卢曼创建卡片盒笔记法的时间在1960年之后，到他1998年去世为止，共制作了9万张永久笔记。这个数字看起来很吓人，但如果平均分解到每一天的话，每天也只不过制作6张永久卡片而已。每天将自己的6个想法用简要的语言书写出来并不是一件非常困难的事情，只要有改变自己的意愿和决心，而且勤于动手，相信大多数的教师都能够做到。想想这些永久笔记给卢曼带来的丰硕的创作成果，多么令人心向往之啊！即便自己每天坚持做上2张永久笔记，坚持10年也会有了不起的成就。

当永久笔记积累到一定数量时，会产生群聚效应，我们就可以此来提出问题、发展主题、进行写作。这是一种自下而上的创作过程，与我们平常的写作有很大的区别。

一般情况下，我们是如何写作的呢？第一步，确定写作的主题；第二步，围绕这个主题搜集相关的素材和信息；第三步，列出写作大纲，开始写作。这种自上而下的写作，经常会遇到这样的境况：在写作的过程中，忽然发现某一个观点欠成熟，需要补充更多的资料来佐证，于是就要按下写作的暂停键，回头去做资料搜集的相关工作。好不容易查询到了更多的资料，又发现前后观点之间的逻辑不够严谨，于是又去重新构思写作的大纲，调整写作的思路……计划赶不上变化；就是这样的反反复复，使得写作的进度难以保证，自信心也会受到打击，甚至还会对自己的能力产生怀疑。

这样的写作还有一个缺点，就是为了某一主题搜集的各种资料和信息，在将文章写完之后就成了废物，不会再派上其他用场了。如果要写下一个主题的文章，需要重起炉灶，花费相当多的时间再次去搜寻相关的资料。而卢曼卡片盒笔记法所建立起来的思想之网，在永久笔记之间建立的是多元的、立体化的联系，同一张永久笔记可以在不同的文章中发挥不一样的作用。

自上而下的写作具有线性写作的特征，从制订计划开始，到搜集资料，然后开始写作，最后完成计划，有点像工业流水线那样，只要其中的一个环节出了问题，整个流水线都会停工。自下而上的写作则具有循环写作的特征，我们在做每一张永久笔记时，都已经在为写作做准备，但这个主题是什么可能我们并不清晰。当永久笔记积累到一定程度时，写作的主题就会自然而然地浮现出来。由于平时关于这一主题的思考已经很多，所积累的永久笔记也很多，那么接下来需要做的，就是像搭建乐高积木那样，将相关的永久笔记分成代表相应观点的若干组块，以此加以组合和拼接即可。

功夫在平时。平时对永久笔记的整理养成了习惯，写作就有了源头活水，那些凸显自己观点和思考的好文章，也就会像泉水那样汩汩流淌了。

第五节 写作成果如何发布？

先从一名物理学家的故事说起。

说起物理学家约翰·惠勒，可能很多人并不熟悉。但如果你知道是他和玻尔合作，在 1942 年共同揭示了核裂变的机制，是他首创“黑洞”一词，提出了“量子泡沫”“虫洞”等概念，并开创了相对论天体物理学这一全新的研究领域，相信你一定会对他刮目相看。2013 年 10 月 7 日，美国《科学新闻》双周刊网站曾发表了一篇题为《10 名未获得诺贝尔奖的顶尖物理学家》的报道，其中排在第一位的是斯蒂芬·霍金，排在第二位的就是约翰·惠勒。

约翰·惠勒其实是有机会获得诺贝尔物理学奖的。20 世纪 40 年代后期，在欧洲游学的惠勒和尼尔斯·玻尔共同探讨核裂变的相关机制，惠勒每当有新的想法，就会将成果送给玻尔进行审阅。惠勒做出了有关原子核非对称形状的解释，在寄送给玻尔之后，玻尔没有选择让惠勒立即发表，而是对这个研究报告反复修改，前后长达一年多。就在他们不断修改完善期间，惠勒在哥伦比亚大学的同行雷恩沃特和玻尔的儿子创立了原子结构新理论，对原子核非对称形状做出了解释，他们于 1975 年分享了当年的诺贝尔物理学奖。

之所以讲这个故事，是因为在学术界没有所谓的私密知识。有了想法只有自己知道，就等于没想法，如果研究者觉得自己的思考有价值，就需要尽快地将其写出来并公之于众，供人们阅读，以此传播出去，否则研究者的所有工作都没有意义。教师专业也有这样的特点。教师本身就是一名研究者，总是在不断研究学科领域的知识、学生成长的规律、教学法和心理学的最新成果，并将自己研究的成果和收获通过某种方式传播出去。传播的渠道有两条，一是通过课堂将自己的研究心得和体会传递给学生，在班级授课制的传统模式下，这样的传播范围很小，受益面不大；二是通过写作，将自己的想法和感悟梳理成一篇篇的文章，在更大的平台上发布出去，这样的互动和交流会带来更大的效益。

阅读也是如此。阅读本身就是做研究，就是为了获得无法预知的洞见。当你有了这样的收获时，要将其书写出来并公之于众，和同行们交流分享。

一、一个想法的发布

卢曼卡片盒笔记法的核心是永久笔记，每一条永久笔记就是一个想法，它是从闪念笔记或者文献笔记中整理而来的。当你对自己思考的某件事情有了灵感，或在读书的过程中被某句话触动的时候，将读到的文字、自己的想法直接通过微信朋友圈发布出来，是分享自己的思考的便捷途径。

发送到朋友圈中的想法会被你的朋友阅读，也会有一些对此话题感兴趣的朋友对你的想法给予呼应，或表示赞同并在此基础上进一步扩展，或提出不同意见让你可以换一个角度思考。所有的这些留言和评论都有助于促进自己对这个想法的深化，帮助你将这个想法转化为永久笔记。

在过去，人们是没有机会在公共空间发布自己的想法的，少数在专业领域有独到见解的人，要想把自己的点滴想法发布出去，需要付出极大的努力，首先是反复推敲自己的观点和想法，然后将其整理成文，再寄送到相关的报纸杂志，将决定权交给那些编辑。只有经过层层把关审核之后，个体的想法才有可能出现在报纸杂志上。

有了互联网之后，我很自然地成了“网上冲浪者”，也一直探索着能够通过什么样的途径将自己的所思所想发布出来，先后在互联网上设立过专门的网站等，还给学生设置了相关的学习空间，希望吸引学生参与进来。但由于这样的网站发布文章不易，互动也很不方便，所以没有能够维持很长的时间。直到“博客”空间的出现，彻底颠覆了我原有的个人观点发布方式。我第一时间在这个平台上创建了自己的博客空间，并一直沿用到现在。一些很有趣的想法就是通过博客这个平台发布出去的。

在上海市二期课改全面推进的2006年前后，我一直在思考一件事情，就是“探究性学习”的起点问题。当时各种报纸杂志登载了大量有关探究性学习的理论研究文章和教学实践案例，它成了教育领域的一个热点话题，但什么时候才需要探究这样一个问题，却没有人涉猎。我一直思考此事，但似乎也找不到答案。到了2007年2月，在阅读房龙的《地球的故事》一书时，从他介绍的地理故事中我忽然得到了启发，然后很快形成了关于探究性学习起点的想法。我将其梳理出来，首先在我的博客中发布了出去。发出去之后，又觉得博客这个天地太小，能够影响的范围有限，于是又将这篇文章寄给了《物理教师》杂志社，杂志社认为这确实是一篇好文章，在当年第8期的杂志上刊载了。没想到文章刊载之后，引起了各方的关注，又有多本杂志和报纸转载了这篇文章。一个想法能够通过各种平台传播，影响更多的教师，让我充分感受到了观点和想法公开发布的重要意义。

能够便捷地在公共空间发表个人的观点，是时代的进步，也与技术的快速发展密不可分。作为教师，要充分利用好这些发布的平台，讲好教育的故事，传承好人类的文明。

二、一篇读书笔记的发布

读完一本书，写出一篇读书笔记，如果仅仅保留在自己的电脑中，那是极大的浪费。需要通过一定的渠道将其发布出去，让更多的教师了解这本书，了解你与众不同的观点，并由此产生多样化的思考和联想。

读书笔记一般篇幅较长，不太适合在微信朋友圈中直接发布，建议教师可以开设一个博客空间或者类似于博客的交流互动空间，将自己的读书笔记在这个空间中发布，与志同道合的读者分享和交流。当然，也可以申请一个微信公众号，在这里将自己的读书笔记分享给他人。

我的读书笔记都是在新浪博客上发布的。因为每周要发布一篇，所以最好能够定时，比如我是每周一早上发，这样喜欢你的读书评论的读者就可以了解你的发文习惯，到了时间他就会到你的空间走上一圈，看看你这周读的是什么类型的书，有什么令他感兴趣的内容。很多读者可能并不知道你的空间，所以如果有空的话，自己要主动一点，凡是到过你的博客中的博友，你都应该回访，去看看他的空间，对自己感兴趣的文章发表一些观点，这样对方就会觉得你有礼貌，也会乐意和你互动起来。在拜访博友的过程中，你会发现一些在阅读方面的大咖级人物，他们的空间一定不能错过，在他的空间里发表一些阅读方面的观点，说不定会吸引大咖的“粉丝”关注你的空间，这样慢慢地集聚人气，会让你的空间充满活力，也会更好地激发自己写作的热情。

无论是博客空间还是微信公众号，发文的频度都是需要注意的，如果很长时间都不更新文章，博友走进来总是见不到新的景象，他们很快就会对你的园地失去兴趣。我在写博客的这 16 年中，遇到了很多在写作上激情四溢的博友，但有相当一部分现在在博客空间已经没有任何声息了，“三分钟热度”的情况非常普遍。如果不能养成写作习惯，什么样的平台对自己来说意义都是不大的。

博客和微信公众号都需要花时间进行打理，虽然这些个人的账号打理起来比较简单，但每天也是需要花上一点时间的。还有一个发布的方法，就是加入一个读书的组织，这个组织有自己运营的开放式的互动交流平台，还有专人负责打理。你所要做的事情就是认真阅读，积极书写，并将写好的文章发送给平台的管理员，由他帮助你完成发布。这样的读书组织因为专注于阅读推广，在引导会员阅读方面经验丰富，也会组织相关的专家经常指导会员的阅读，这对提升自己的阅读能力和写作能力都是大有裨益的。将自己写好的读书体会，通过语音的方式在微信、喜马拉雅等平台上发布，也是一个不错的选择。现在信息沟通交流的方式日趋多元，看和听相结合也符合大脑的工作原理。

将自己撰写的读书笔记投到报纸杂志上发表，可以影响更多的人。一方面，报纸杂志本身就是质量和品质的象征，能够在上面发表文章，意味着自己撰写的读书笔记有较高的价值；另一方面，现在报纸杂志都有自己的微信公众号，他们会将其中优秀的作品在公众号里加以推送，往往能吸引成千上万的读者。

要在报纸杂志上发表文章，就要对报纸杂志发文的特点有所了解。比如说《中国教育报》，每周都有“读书周刊”，多的时候可以有 3 至 4 个版面，是刊发读书笔记的重量级报纸。他们在选文的时候，首先关心的是读者推荐的图书的品质和代表性，他们总是去挖掘、发现、推荐那些能对教师产生影响的图书，帮助教师走上专业发展的道路。现在图书出版非常繁荣，但各类图书鱼龙混杂，品质一般甚至低劣的图书很多，如果你选的图书质量不高，哪怕自己的读书笔记写得再有文采，也不会被刊登。再比如说各类教育类的期刊，每期都有固定的读书专栏，不同的期刊在推荐图书方面也有自己的特点和考虑，如果你连着读一段时间期刊所刊载的读后感文章，就能从中看出期刊在读书笔记方面选题的特点。有了这样的基础，将自己撰写的读书笔记有针对性地投稿，被选中的可能性就会大大提升。

后　记

人类文明的发展速度一天快过一天，其中有很多缘由，但阅读肯定是缘由之一。对绝大多数的人来说，总是阅读在前，实践在后，是在通过阅读学习了大量的间接经验后，再通过实践来印证这些经验，这种倒逆式的学习正是人类加快进步的主要路径。也正是因为如此，世界各国普遍重视国民的阅读，在推进全民阅读方面使出了浑身解数。

正是因为阅读如此重要，所以才值得我们花时间来探讨阅读中存在的一些问题，探索改进阅读习惯、提升阅读品质的路径和方法。当然，阅读涉及的领域非常广泛，还有很多问题也很重要，但限于篇幅本书并没有涉猎。

比如说如何理解“开卷有益”。人们常说“开卷有益”，但事实上市面上不好的书可以说比比皆是。如果自己缺乏文化判断力，胡子眉毛一把抓，可能一辈子都会陷在烂书堆里，花费了不少时间，但收效甚少。原来，“开卷有益”是宋太宗在特定情况下的感想。他命文臣编写《太平总类》，并亲力亲为，每天要读两三卷，计划一年内全部看完，为此这部大书就更名为《太平御览》。有大臣觉得他每天要处理许多国家大事，还要读这么多书，太辛苦了，劝宋太宗少看些，宋太宗回答说：“开卷有益，朕不以为劳也。”因为宋太宗的榜样力量，大臣们纷纷效仿，连平时不太爱看书的宰相赵普也开始攻读《论语》，后来还留下了“半部《论语》治天下”的美誉。宋太宗之所以说“开卷有益”，是因为他所看到的这套丛书是众多学者共同审定的经典之作，其中坏书烂书极少。

比如说如何理解“经典”。人们倡导读书时，总是将“经典”放在重要的位置，仿佛没有读经典就不叫阅读似的。那么该如何理解“经典”呢？我觉得聂震宁的建议就比较中肯。他认为，有三类作品应该有选择地加以阅读：一是历史上有过比较一致定评的书。这些作品是在全球化狂飙突进的时代保持我们优秀传统和文化特色的有效手段。不仅仅是对文化的一种传承和弘扬，也并不仅仅是一种审美，而是对于我们自己的生活方式和价值观的一种坚守。二是当代重要作者的书。科技和社会发展日新月异，有很多新的理论、新的领域不断涌现，这些领域的代表作反映着相关学科和领域研究的最新进展。三是当前新出现的精品，也就是在各种图书排行榜上被大家普遍关注和推崇的精品图书。

比如说如何认识新时代的多媒体阅读和写作。如今大多数人获取信息的主要方式，都来源于“阅读”电影、电视、网络等图片信息，但我们的阅读理论还没有跟上这一趋势。人们普遍缺乏对多媒体“阅读”的适当指导，这也意味着未来人们在阅读图片时会缺少辨别能力。这些问题应该在学校教育这个阶段就加以解决。在学校教育中，要有足够的时间指导学生如何阅读图像，让学生学会利用图像“写作”，即学会拍摄、编辑和上传电影等。教师应该成为新时代多媒体阅读方法的实践者、指导者和引路人。

……

一本好书之所以好，就在于当你阅读的时候，它能在某些地方让你怦然心动。这怦然心动的地方，往往就是自己的经历、感受和思考与作者的思想，与作者所描述的世界产生同频共振，达到物我交融的境界。当然，如果你自己在此前没有任何的阅读准备，想要达到这样的境界也是很难的。你要有阅读的期盼，明白自己想要读什么方面的书籍；你要有阅读的选择，知道该领域哪些人是领军人物，哪些著作最值得一读；你要有阅读的准备，对相关的人物和作品的情况有所了解，做好前期的准备工作。在此基础上，再去阅读相关的作品，就容易产生怦然心动的感觉。

希望这本书也能带给你怦然心动的感觉。

感谢本书责编李龙飞对这本书的出版所奉献的智慧，感谢山西教育出版社对拙作的厚爱和支持，更要感谢我在新浪博客空间认识的各位博友。大家长期以来对我读书、写作的鼓励给了我前行的力量，帮助我养成了良好的阅读习惯，也让我对阅读和写作这件事有了更多的思考，还要感谢我的夫人以及家庭，家庭和谐的环境为我的工作和生活营造了良好的氛围，让我可以挤出时间来思考和写作。

限于自己的学识，书中难免有不妥之处，敬请各位读者批评指正。